영어 음성학의 이해

최경애 · 박미숙 공저

신아사

최경애

1980 이화여자대학교 영어영문학과 졸업
1982 동대학원 석사과정 졸업
1988 동대학원 박사과정 졸업. 문학박사.
2003 University of Arizona 언어학과 방문교수
2010 University of Arizona 아시아학과 방문교수
현재 목원대학교 영어영문학과 교수(음성학, 음운론)

박미숙

1990 목원대학교 영어영문학과 졸업
1993 이화여자대학교 대학원 영어영문학과 석사과정 졸업
2002 이화여자대학교 대학원 영어영문학과
박사과정 졸업. 문학박사
현재 목원대학교 영어교육과 교수(음성학, 음운론)

영어 음성학의 이해

초판 1쇄 발행 _ 2018년 3월 5일
1판 2쇄 발행 _ 2025년 3월 6일

저　　자 • 최경애 · 박미숙
발 행 인 • 정 현 걸
발　　행 • 신 아 사
인　　쇄 • 한승인쇄
출판등록 • 1956년 1월 5일 (제9-52호)
주　　소 • 서울시 은평구 통일로 59길 4(2층)
전　　화 • 02)382-6411 · 팩스 02)382-6401
홈페이지 • www.shinasa.co.kr
E-MAIL • shinasa@daum.net

ISBN 978-89-8396-256-0(93740)

정가 13,000원

머리말

우리나라의 영어교육의 역사를 더듬어 보면 그 시작은 구한말로 거슬러 올라간다. 배재학당에서 외국인 선교사들에 의해 시작된 영어교육의 목적은 소통이었다. 그러나 일제강점기에 접어들면서 영어교육은 문법과 번역 중심으로 이루어졌으며, 해방 이후에도 오랫동안 이러한 방식이 답습되어졌다. 더구나, 입시 위주의 영어 교육은 전통적인 방법을 더 강화하는 결과를 가져왔고, 오랜 기간 동안 영어교육을 받았음에도 불구하고 많은 학생들이 영어로 소통하는 것에 익숙하지 않고, 심지어는 두려움마저 느끼고 있는 실정이다.

원어민과 같은 발음으로 영어를 유창하게 구사하는 것은 영어를 공부하는 모든 사람들의 소망일 것이다. 그러나 실제로 영어 학습자들에게 있어서 이것은 단지 소망에 그치는 경우가 많다. 초등교육 및 중등교육과정을 통해서 오랜 기간 영어를 학습해왔음에도 불구하고 많은 학생들이 영어는 발음하기 어렵고 아무리 노력해도 잘 되지 않는다고 생각한다. 앞서 지적했듯이 우리의 영어교육이 대학 입시 위주로 이루어지다보니 어쩔 수 없이 독해 중심의 교육이 될 수밖에 없었고, 결과적으로 많은 학생들이 영어를 소리 내어 발음하는 연습을 소홀히 할 뿐만 아니라 원어민과의 직접적인 의사소통을 자주 경험하지 못하는 데서 비롯된 것이리라.

세계화 시대에 영어로 의사소통할 수 있는 능력을 갖추는 일은 매우 중요한 일이다. 물론 의사소통 능력을 향상시키기 위해서는 문법 지식이나 독해력, 어휘력을 강화하는 것도 매우 중요하다. 그러나 아무리 문법을 잘 알고 독해력이나 어휘력이 뛰어나도 실제 의사소통 상황에서 원어민과 같은 발음으로 구사할 수 없다면 의사전달은 이루어질 수 없다. 영어를 구사하기 위한 기본 요소는 말소리이다. 영어에 쓰이는 다양한 말소리의 본질을 파악하고 그것을 정확히 발음할 수 있을 때에야 비로소 원활한 의사소통이 이루어질 수 있다.

본서는 학생들이 영어의 말소리를 정확히 이해하기 위한 음성학적인 기초이론을 쉽게 풀이하여 설명하였고, 아울러 발음연습에 필요한 충분한 어휘 및 구문들을 제시하여 영어 말소리를 정확히 발음하고 그것을 반복적으로 연습하는데 도움이 되도록 하였다. 특히, 영어의 자모뿐만 아니라 강세, 억양, 리듬 등에 대해서도 쉽게 이해할 수 있도록 설명하였고, 많은 구문을 통해 연습할 수 있도록 하였다. 본서를 학습함으로써 학생들이 정확한 영어 발음을 습득하고 나아가서 꾸준한 연습을 통해서 원어민과 같은 발음으로 영어를 유창하게 구사할 수 있기를 간절히 바라는 마음이다.

2018년 2월
저자

목차

1

언어와 소리

1.1 언어와 소리

인간은 사회적 동물이며 서로 상호 소통을 하면서 살아간다. 사람은 외부와의 소통 수단으로서 여러 가지 방법을 이용한다. 다양한 몸동작이나 얼굴 표정, 또는 그림이나 글을 통해서도 서로 의사소통을 한다. 그러나 의사소통의 수단으로서 가장 많이 쓰이는 것은 바로 말이다. 사람은 누구나 타인과의 의사소통을 원하며 그 주된 수단으로 언어를 사용한다. 언어의 사용은 사람들로 하여금 의사소통을 가능케 하고 특히 현대와 같이 복잡한 사회에서 필요한 많은 정보를 얻을 수 있게 한다.

이러한 인간의 언어 능력의 근원은 사람이 가지는 보편적인 언어습득 능력에 기초한다고 할 수 있다. 모든 인간은 자신의 모국어를 말하고 이해할 수 있는 타고난 능력이 있다. 즉, 습득하려는 언어의 문법체계 또는 규칙체계를 무의식적으로 내재화하는 능력을 가지고 있다. 이것을 우리는 언어능력(linguistic competence)이라 한다. 그리고 이러한 내재화된 문법체계를 토대로 하여 의사소통을 하기 위하여 실제로 필요한 말을 구사하는 것을 언어수행(linguistic performance)이라 한다. 우리가 말을 할 때 이러한 언어능력과 언어수행이 적절히 잘 조화되어 의미 있는 표현을 전달하거나 전달받음으로써 원활한 의사소통이 이루어지는 것이라 할 수 있다.

그런데 이러한 실질적인 언어 수행에 근본이 되는 것이 바로 말소리이다. 세상에는 매우 많은 종류의 언어가 존재하는데, 그 언어들은 각각 나름대로의 소리 체계를 가지고 있고, 그 소리 체계가 어떤 언어들

간에는 서로 비슷하기도 하고 또 어떤 언어들 간에는 판이하게 다를 수도 있다. 그 많은 언어 중에서 한국 학생들이 가장 많은 시간과 노력을 기울여 학습하고자 하는 언어는 바로 영어인데, 그 소리 체계는 한국어와는 꽤 상이하기 때문에 우리 학생들이 영어로 듣고 말하기에 익숙해지기 쉽지 않다. 그러나 영어로 의사소통하는데 있어서 듣기와 말하기는 그 무엇보다도 매우 중요하므로 그 능력을 향상시키기 위해서는 정확한 발성 원리의 학습과 듣고 말하는 반복적 훈련이 필요하다. 즉, 여러 발성기관을 통한 발음의 원리를 이해하고 정확한 발음 방법에 따라 학생들이 직접 연습함으로써 영어다운 발음을 실현하도록 해야 한다. 모든 외국어의 학습이 그러하듯 외국어를 일상적으로 사용하는 사회적 환경에 처해 있지 않고는 반복적인 연습을 통해야만 듣기와 말하기의 능력을 향상시킬 수 있다. 이런 관점에서 말소리를 정확하게 발음하고 전달하기 위해 필요한 음성체계 학습은 매우 중요하다 하겠다.

1.2 음성학(Phonetics)

음성학(phonetics)은 말소리를 연구하는 분야로서 말소리가 어떤 발성기관에 의해 어떻게 만들어지는가를 연구하는 것에서 시작하여 청자가 말소리를 어떻게 체계적으로 분류하고 인식하는가에 대한 연구까지를 포함한다. 즉, 소리가 어떻게 인간의 발성 기관에서 만들어지며, 어떤 과정을 통해서 상대방의 귀까지 도달하고, 또 귀에 도달한 소리가 어떻게 인지되어 서로 다른 소리로 구별 될 수 있는가를 규명하려는 것이다. 음성학의 연구 분야는 그 연구대상에 따라 **조음음성학**(articulatory phonetics), **음향음성학**(acoustic phonetics), **청각음성학**(auditory phonetics), **실험음성학**(experimental phonetics) 등으로 세분화 된다.

조음음성학은 인간이 발성 기관을 통하여 말소리를 생성해내는 기제(mechanism)를 연구하는 분야이다. 조음음성학을 공부함으로써 영어에 쓰이는 다양한 말소리들의 정확한 발음 방법을 익힐 수 있으며, 한국어에서 찾아볼 수 없는 강세나 억양, 리듬 등의 본질에 대해서도 정확하게 학습하게 된다. 이러한 학습은 원어민 화자에 가까운 발음으로 영어를 구사할 수 있도록 하는 데에 크게 기여한다.

음향음성학에서는 소리가 지니는 여러 가지 물리적인 특성(physical properties)을 연구한다. 음의 고저나 크기, 음색 등은 어떻게 만들어지는 것인지, 소리는 어떻게 전파되는 것인지, 그리고 음파는 어떻게 구성되어 있는지 등에 대한 물리학적인 연구가 이루어지는 분야이다.

청각음성학이란 인간이 말소리를 듣고 인지하여 그에 따른 반응을

수행하게 되기까지의 과정을 연구하는 분야이다. 즉, 발화된 소리가 공기를 통해 전파되어 고막을 거쳐 인간의 뇌에 인식되기까지의 복잡한 과정을 다루는 분야이다.

실험음성학이란 어떤 음성학적 주제이든 간에 실험 기자재를 이용하여 실제 실험을 통해 연구하는 분야를 말한다. 따라서 앞서 설명한 조음음성학, 음향음성학, 청각음성학 연구에 있어서 실험 기자재가 동원되었다면 실험음성학이라고 할 수 있다.

이러한 음성학 분야 가운데 본서에서는 조음음성학에 기반을 두고, 한국인들에게 특히 친숙한 미국 영어 발음을 기준으로 하여 영어 자음과 모음들의 정확한 발음 위치 및 방법을 설명한다. 그리고 각 자음과 모음의 실제 발음 연습을 위한 충분한 어휘 목록 및 구문들을 제시하여 학생들이 자연스러운 영어 발음을 체계적으로 연습할 수 있도록 하였다. 특히 본서는 학생들이 소홀히 하기 쉬운 강세, 억양 및 리듬의 특성을 여러 가지 어휘 및 구문들을 통해 학습함으로써 학생들이 보다 자연스러운 발음을 익히고 연습하며 다양한 영어 음성체계를 이해하는데 도움이 될 것이다.

1.3 영어의 발음과 철자

영어의 발음을 이야기할 때 영어의 철자 체계를 언급하지 않을 수 없는데, 그 이유는 영어의 철자가 발음과 일치하지 않는 경우가 많기 때문이다. 영어의 알파벳은 영어 화자가 말소리를 적기 위해 사용하는 문자인데, 많은 어휘에서 철자 상의 알파벳 문자 수가 발음 수와 일 대 일 대응 관계를 이루지 않는다. 예컨대, fall[fɔl]은 f-a-l-l 의 네 개의 문자로 이루어졌으나 발음상으로는 세 개의 말소리 [f, ɔ, l] 로 실현되며, laugh[læf]는 다섯 개의 문자로 이루어졌으나 발음은 세 개의 소리로 실현된다. 또한 철자가 서로 달라도 발음이 같은 단어 site/sight, 철자는 같은데 품사에 따라 발음이 다른 단어 lead(v)/lead(n), almond의 'l'처럼 철자 상에는 있으나 발음에는 나타나지 않는 묵음(silent letter), tough의 'gh'처럼 철자와는 상관없이 나타나는 발음 [f] 등, 이와 같이 영어는 철자와 발음이 일치하지 않는 경우가 많기 때문에 한국인이 영어발음을 학습할 때 큰 어려움을 겪게 된다. 영어발달상에서 볼 때 영어는 독일어와 같은 게르만어계에 속하지만, 역사적으로 라틴어를 비롯하여 프랑스어나 기타 다른 언어의 영향을 많이 받아 지금과 같은 형태로 발전되어 왔기 때문에 철자와 발음이 거의 일치하는 독일어와는 상당히 다른 형태를 지니게 되었다. 따라서 음성학을 공부할 때에 이러한 영어의 특성에 유념하여 말소리(발음)와 철자를 혼동하지 않도록 하는 것이 중요하다. 그러기 위해서는 영어 어휘의 발음을 사전을 통해 반드시 확인하고 올바르게 발음하는 연습을 해야 한다.

1.4 말소리의 생성

말소리는 모든 언어가 공통적으로 허파로 들어가고 나오는 공기의 흐름이 원활할 때 제대로 생성하게 된다. 소리를 만들어내는 직접적인 기관은 성대라고 할 수 있으나 이에 앞서 정상적인 호흡작용이 바탕이 되어야 온전한 말소리를 전달할 수 있다. 즉, **호흡작용과 구강의 조음작용, 그리고 성대(또는 후두)**의 세 가지가 조합되어 작용할 때 정상적인 말소리를 생성하게 된다. 그 세부적 특징을 살펴 보면 다음과 같다.

첫째, **호흡작용**(respiratory operation)은 허파에서 흘러나오는 공기인 호기(egressive air)와 입이나 코로 들이마시는 흡기(ingressive air)를 번갈아 일으키면서 이루어진다. 그런데 우리가 말을 할 때에는 허파로 들어간 공기를 입 밖으로 내보내면서 말소리를 만들게 된다. 숨을 들이마시는 흡기(ingressive air)로는 말소리를 생성할 수 없다. 간혹 애완동물을 부를 때 공기를 입안으로 빨아들이면서 소리를 낼 때가 있는데 이는 예외적인 경우에 국한될 뿐 일반적인 말소리는 아니다. 결국 우리는 허파에서 나오는 폐기류(pulmonic airstream)인 호기를 주로 이용하여 말소리를 생성하며 영어 발음도 역시 이러한 작용을 통해 이루어진다.

둘째, 구강 내의 **조음작용**(articulatory operation)은 입천장, 혀, 입술, 그리고 이 등의 발성 기관들이 허파에서 올라오는 공기 흐름을 어디에서 어떻게 바꾸는지에 따라 말소리를 다양하게 생성하는 것을 말한다. 모음의 경우 혀의 높이나 혀가 수축되는 부분, 입술의 모양 등에 따라

소리가 달라질 수 있고, 자음의 경우 이 작용이 더 복잡해져 입술과 이의 작용 그리고 혀와 입천장(입천장의 어느 부분이냐에 따라 치경, 치경경구개, 경구개, 연구개 등)의 작용에 따라 허파에서 나오는 공기의 흐름이 방해를 받으면서 다양한 말소리를 만들게 된다. 입술을 이용한 /p, b, m/, 윗니와 아래 입술에서 나오는 /f, v/, 윗니와 아랫니 사이에서 나오는 /ɵ, ð/, 치경에서 나오는 /t, d, s, z, n, l, r/, 치경경구개에서 생성되는 /š, ž, č, ǰ/등의 소리들이 모두 이와 같은 복잡한 공기흐름의 변화를 일으키며 나오는 소리들이다.

셋째, 호흡작용과 조음작용 이외에도 성대, 즉, 후두(larynx)가 말소리를 발성하는데 중요한 역할을 한다. 후두에 위치한 성대(vocal fold)는 허파에서 올라오는 공기를 성문(glottis)을 통해 내보낼 때 성문을 좁혔다 넓혔다 하면서 무성음과 유성음을 만들어낸다. 성대의 근육을 이완시키면서 성문을 극도로 좁히면 공기 통로가 좁아져 허파에서 나오는 공기가 통과할 때 성대를 진동시키게 되므로 유성음이 생성되고, 반대로 성문을 넓히면 공기 통로가 넓어져 공기가 통과할 때 성대를 진동시키지 않으므로 무성음이 생성된다. 또한 성대의 수축 정도나 성문이 닫히는 정도에 따라 다양한 소리를 만들어내기도 한다.

1.4.1 호기(Egressive Air)와 흡기(Ingressive Air)

말소리를 내기 위해서는 기류(airstream), 다시 말해서, 공기의 이동이 있어야 한다. 앞에서 언급하였듯이 공기의 이동에는 숨을 내 쉴 때 허파에서 나오는 호기(egressive air)와 숨을 들이마실 때 허파로 들어가는 흡기(ingressive air)가 있다. 대개 사람이 말소리를 낼 때에는 허파에서 나오는 공기인 호기를 이용한다. 그리고 이 호기를 통한 소리의 전달은 공기 분자의 진동에 의해 이루어진다. 정상적인 경우에 말소리를 낼 때 입에서 나오는 공기 에너지는 입 밖의 공기 입자를 밀어내며, 힘을 받은 공기 입자들은 연쇄적으로 인접한 공기 입자들을 밀어낸다. 이렇게 힘을 받은 공기 입자가 최종적으로 고막을 진동시키게 되고 고막이 받은 자극이 뇌로 전달되어 말소리가 인식되는 것이다.

일반적으로 숨을 들이마시면서 말소리를 내는 것은 거의 불가능하나 힘든 운동을 하고난 후 가쁜 숨을 몰아쉬며 말을 해야 할 경우에는 숨을 들이마시면서 말소리를 내기도 하는데, 이것은 매우 힘들고도 특별한 상황이다. 이외에도 일부 아프리카어(Zulu, Hottentot 등)에서는 들이마시는 공기인 흡기를 이용하여 말소리를 생성하기는 하나 이는 매우 예외적이다. 특별히 이 흡기를 이용하여 만들어내는 말소리를 **설타음**(click sound)이라고 하는데, 이것은 후설(tongue back)이 솟아올라 연구개(velum)에 닿아서 공기 통로가 폐쇄된 상태에서 입안으로 공기가 빨려 들어감으로써 만들어지는 소리이다. 흔히 혀 차는 소리라고 표현하는데 tsk-tsk, tut-tut, cluck-cluck 등의 형태로 표시된다. 애완동물을 부를 때나, 남의 딱한 사정이나 모습을 볼 때 이런 의성어로 표현하기도 한다.

1.4.2 기류기제(Airstream Mechanism)

말소리의 생성은 공기의 흐름과 밀접한 관계가 있음을 앞서 설명하였는데, 그러한 공기 흐름의 방식, 즉 **기류기제**(airstream mechanism)는 공기의 이동을 초래하는 주요 근원지가 어디냐에 따라 대개 세 가지 종류로 구분된다. 첫째로, **폐기류기제**(pulmonic airstream mechanism)에서 공기의 이동을 초래하는 주요한 근원지는 폐(lung)이다. 이 폐에서 시작되는 기류를 폐기류(pulmonic airstream)라고 하며, 모든 언어는 이 폐기류를 이용하여 대부분의 말소리를 만든다. 즉, 말소리 생성의 기초가 되는 기류 기제라고 할 수 있다. 둘째로는 **성문기류기제**(glottalic airstream mechanism)인데, 후두(larynx)가 상하 운동을 함으로써 공기의 이동을 유발할 때 나타난다. 우리가 무엇인가를 삼킬 때 무의식적으로 성대의 상하운동이 일어나는데 이 때 목에 손을 살짝 얹어 보면 성대의 움직임을 느낄 수 있다. 일부 소수 언어에서 이 기류 기제가 사용되는데, 특히 영어에서 [t, d]가 성문폐쇄음으로 대체되어 발음되는 경우가 있으며 이 경우에 성문기류기제가 사용된다. 마지막으로, **연구개기류기제**(velaric airstream mechanism)가 있는데, 이것은 혀의 뒷부분을 연구개 쪽으로 움직임으로써 기류를 생성해 낸다. 앞에서 언급한 설타음이 바로 이 연구개기류를 통해서 생성되는데, 이 경우에 혀의 뒷부분을 연구개에 닿게 하여 구강에서의 공기의 흐름을 막고, 그와 동시에 공기를 흡입하여 소리를 내는 방식이다.

1.5 발성 기관

말소리를 만들어 내기 위해서는 우리 신체의 여러 조음 기관이 참여하여 그 기능을 발휘하여야 한다. 그러한 기관들은 크게 성대를 기준으로 하여 그 위쪽에 위치한(supraglottal) 기관들과 그 아래쪽에 위치한(subglottal) 기관들로 구분할 수 있다. 성대 아래쪽의 기관은 폐, 기관지, 기도 등으로 호흡작용과 관련한 공기 통로인데 반해 성대 위쪽 기관들은 말소리를 만들어 내는데 직접적으로 관여하며 다양한 말소리를 생성하기 위하여 작용한다.

1.5.1 성대 위쪽 기관 (Supraglottal Organs)

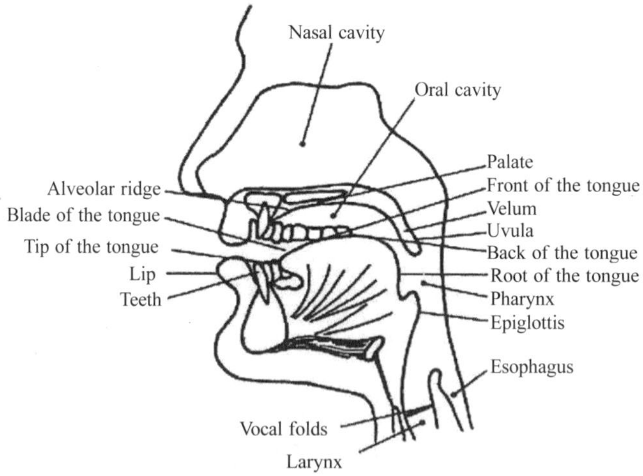

그림 1

말소리를 만들기 위해서는 공기가 공명하는 공간이 필요하다. 발성기관 중에는 이렇게 공기가 공명할 수 있는 공간이 있는데 그것이 바로 구강(oral cavity), 비강(nasal cavity), 인두강(pharyngeal cavity)이다. 구강(oral cavity)은 입 안의 공간을 말하며 비강(nasal cavity)은 콧속의 공간을 말한다. 또한 혀뿌리에서 성대에 이르기까지의 통로를 인두강(pharyngeal cavity)이라고 하며, 이 세 공간을 합쳐 성도(vocal tract)라고 한다. 성도는 허파에서 나온 공기가 성대를 거쳐 입 밖으로 배출되기까지 지나가는 공기의 통로를 말한다.

구강에서 만들어지는 소리는 대개 이, 입술, 혀, 입천장 등을 이용하여 다양한 구음(oral sound)을 형성하는데 반해 비강에서 만들어지는 소리는 구강과는 달리 특별히 이용되는 기관이 없으며 몇 가지 비음(nasal sound)만이 제한적으로 형성된다. 또한 소수 언어에서 인두강을 이용해서 만드는 소리가 이용되기도 하지만, 한국어나 영어에서는 생성되지 않는다.

그러면 발성기관의 각 위치와 그 위치에서 형성되는 소리들의 명칭을 살펴보겠다. 발성기관은 입술이나, 이, 혀처럼 스스로 활발하게 움직이는 능동적 발성기관(active articulator)과 치경이나 경구개, 연구개처럼 스스로 움직이지 못하는 수동적 발성기관(passive articulator)으로 분류된다.

(1) 입술(lips)

두 입술은 몇몇 자음을 발음 할 때 구강(oral cavity)을 닫아 주거나, 몇몇 모음을 발음 할 때 두 입술이 둥글게 됨으로써 그 기능을 한다. 입술이 기능하여 소리가 만들어질 때 그 소리를 순음(labial sound)이라고 하며, 특히 두 입술이 모두 동원되어 만들어지는 소리를 양순음

(bilabial sound)이라고 한다.

(2) 이(teeth)

이가 작용하여 만들어지는 소리를 치음(dental sound)이라고 하며, 대개 아랫니보다는 윗니가 말소리를 내는 데에 더 많이 이용된다. 이 치음은 윗니와 아랫니가 모두 동원되어 만들어지기도 하므로 치간음(interdental sound)이라고도 한다.

(3) 치경(alveolar ridge or gumridge)

치경은 위쪽 앞니가 끝난 부분, 즉 위쪽 앞니의 안쪽 잇몸을 뜻한다. 이 부분에서 만들어지는 소리를 치경음(alveolar sound)이라고 한다.

(4) 경구개(palate or hard palate)

치경을 지나 입천장의 중간 부분으로 가면 가장 높고 뼈가 있어 단단한 부분이 나타나는데 이곳을 경구개라고 한다. 또, 이곳에서 발음되는 소리를 경구개음(palatal sound)이라고 한다.

(5) 치경경구개(alveopalate)

치경과 경구개 사이에 걸쳐있는 부분으로서, 이 부분에서 만들어지는 소리를 치경경구개음(alveopalatal sound)이라고 한다.

(6) 연구개(velum or soft palate)

경구개를 지나 더 뒤쪽으로 가면 입천장이 낮아지면서 말랑말랑한 부분이 나타나는데 이곳을 연구개라고 하며 이 연구개 위치에서 만들어지는 소리를 연구개음(velar sound)이라고 한다. 연구개는 상하 운동을 할 수 있어서 올라가 있을 때는 **인두 벽**(pharyngeal wall)에 닿아 비강으로의 통로를 막음으로써 공기가 구강으로만 흘러가게 한다. 이 때 만들어지는 소리가 **구음**(oral sound)이다. 그리고 연구개의 이와 같은 상태를 **연구개 폐쇄**(velic closure)라고 한다. 반면에 연구개가 내려와 있을 때는 인두 벽과의 사이에 통로를 만들어 주므로 공기가 코로 흘러가게 된다. 이 때 만들어지는 소리가 **비음**(nasal sound)이다. 따라서 연구개는 구음과 비음을 구분해 주는 중요한 역할을 하는 것이다.

한편, 연구개 폐쇄와는 달리, 아래 그림 (A, B)와 같이 혀의 뒷부분이 솟아올라 연구개에 밀착되어 허파에서 올라오는 공기가 구강 밖으로 흘러나가지 못하는 경우가 있는데, 이러한 방법으로 공기의 흐름이 차단되면 자음 [k, g, ŋ] 등이 발음된다. 이렇게 혀의 뒷부분과 연구개가 밀착된 상태를 연구개지점폐쇄(velar closure)라고 한다. 구음 [k, g]가 발음 될 때에는 아래 그림 (A)와 같이 연구개폐쇄와 연구개지점폐쇄가 동시에 일어나며, 비음 [ŋ]이 발음될 때에는 아래 그림 (B)와 같이 연구개지점폐쇄만 일어난다. 즉, 연구개지점폐쇄는 연구개가 인두 벽에 닿아 비강으로의 통로가 막힐 때나 인두 벽에 닿지 않아 비강으로의 통로가 열릴 때나 모두 후설이 연구개(velum)로 올라가 공기를 차단하고 있는 상태를 말한다.

(A)

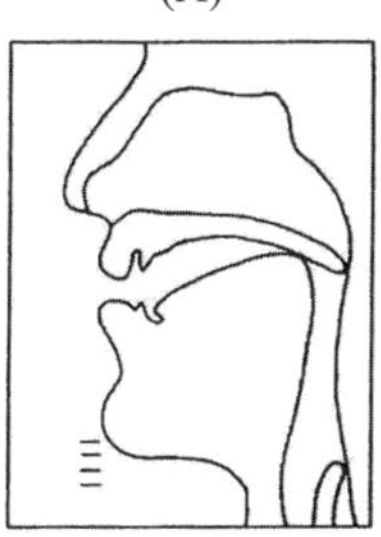

/k/, /g/

(B)

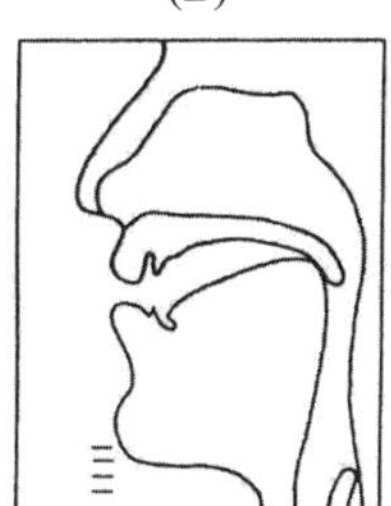

/ŋ/

(7) 구개수(uvula)

구개수(또는 목젖, uvula)는 연구개 끝에 매달려 있는 돌기이다. 영어의 말소리 중에는 구개수를 이용하여 생성하는 소리는 없으나, 다른 언어에서는 구개수가 간혹 사용되기도 한다.

(8) 구강(oral cavity)

구강은 입 속의 빈 공간을 말한다. 이것은 말소리가 만들어질 때 공기가 공명할 수 있는 공간을 제공하는데 혀나 입술의 움직임에 따라 그 모양과 크기가 다양하게 변화함으로써 여러 가지 소리를 만드는데 기여한다.

(9) 비강(nasal cavity)

비강은 콧속의 빈 공간을 말한다. 특히, 비음이 만들어질 때 공기가 공명할 수 있는 공간을 제공한다.

(10) 혀(tongue)

혀는 발성 기관들 중에서 가장 움직임이 활발하고 말소리를 만드는 데에 가장 중요한 기관 중 하나이다. 그 작용하는 부분에 따라 다음과 같이 구분할 수 있다.

① 설첨(tip of the tongue): 혀를 원추형으로 수축시켰을 때 가장 뾰족한 끝부분을 말한다.
② 설단(blade of the tongue): 혀를 평평하게 폈을 때 가장 얇아지는 끝부분을 말한다.
③ 전설(front of the tongue): 혀의 앞부분을 가리킨다.

④ 중설(central of the tongue): 혀의 중간 부분을 가리킨다.
⑤ 후설(back of the tongue): 혀의 뒷부분을 가리킨다.
⑥ 설근(root of the tongue): 혀의 뿌리 부분, 즉 혀의 밑둥을 가리킨다.

(10) 인두(pharynx)

설근 밑의 공기 통로를 가리킨다.

(11) 후두(larynx)

후두는 기도가 시작되는 부분에 위치하고 있으며 성대와 접해 있다. 남자의 후두 연골의 크기는 여자보다 크기 때문에 튀어 나와 있어서 겉에서도 그 위치를 확인할 수 있는데, 종종 우스갯소리로 '사과 먹다 걸려' 튀어나온 부분(Adam's apple)이라고 하는 것이 바로 이 후두이다. 이 후두는 말소리를 생성하는 데에 매우 중요한 역할을 하는데 그 이유는 그 곳에 성대(vocal bands / vocal folds)가 위치하고 있기 때문이다.

(12) 성대(vocal bands or vocal folds)

후두 안에 위치한 성대는 한 쌍의 얇은 근육 막으로 이루어져 있으며 그 근육 막 한 쌍이 개폐 작용을 하여 허파로 부터 올라오는 공기를 막거나 혹은 구강 쪽으로 올려 보내는 역할을 한다. 이 성대의 앞뒤는 연골이 받쳐 주고 있는데 그 중 앞쪽 연골(thyroid cartilage or Adam's apple)은 성대의 한 쪽 끝을 고정시켜 주며 뒤쪽 연골(arytenoid cartilages)은 성대의 개폐 작용을 돕는 지렛대와 같은 역할을 한다. 성대는 그 개폐 정도에 따라 다양한 소리를 만들어 낼 수 있다.

다음 그림에서 성대의 여러 가지 상태를 살펴보자.

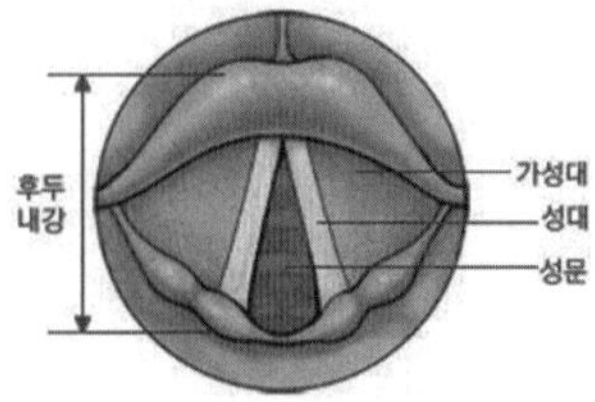

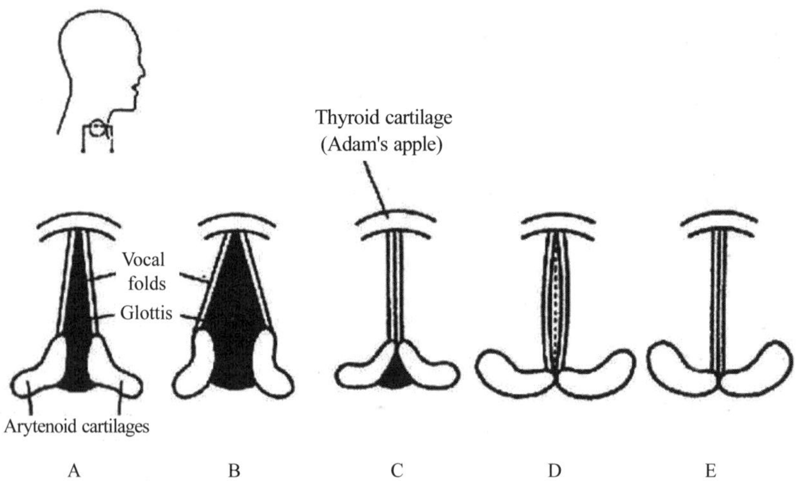

그림 2

그림 2에서 A는 정상적인 호흡을 하는 상태로서, 성대가 반 정도 열려 있다. B는 숨이 가쁠 때 깊은 호흡을 하는 경우이며, 이 때 성대는 활짝 열려 있다. C는 성대의 끝부분만 열려 있는데 이는 속삭이는 소리를 낼 때의 모양이다. D는 성대가 느슨하게 닫혀 있는 상태로서, 허파에서 나오는 공기가 그 느슨한 틈을 비집고 나오면서 성대가 진

동하게 된다. 이러한 성대의 진동으로 나오는 소리가 유성음(voiced sound)이다. 이와 대조적으로 성대가 열려 있어서 공기가 성대를 통과할 때 성대의 진동을 일으키지 않는 소리가 무성음(voiceless sound)이다. E는 호흡을 멈춘 상태로서, 성대가 꽉 닫힘으로써 허파에서 올라오는 공기가 성대에서 차단된 상태이다.

(13) 성문(glottis)

성대가 열렸을 때 생기는 삼각형 모양의 공간(통로)을 지칭한다. 그림 2에서 성문이 가장 넓어지는 경우는 B이며, E에서와 같이 호흡을 멈추었을 때는 성문이 완전히 닫히게 된다.

1.5.2 성대 아래쪽 기관 (Subglottal Organs)

(1) 기도(trachea)

성대에서 허파로 이어지는 공기 통로이다.

(2) 기관지(bronchi)

기도에서 허파로 이어지는 두 갈래의 공기 통로이다.

(3) 허파(lungs)

기관지 끝에 위치한 한 쌍의 호흡 기관이다. 대부분의 말소리는 허파에서 나오는 공기(호기: egressive air)를 이용해서 만들어진다. 호흡을 멈추거나 공기를 들이마시면서 말을 하는 것은 거의 불가능하다.

연습문제

1. 음성학이 무엇인지 정의하고 음성학의 여러 하위 분야에 대하여 설명하세요

2. 밑줄 친 곳에 각 번호가 가리키는 발성기관의 명칭을 써 넣으세요.

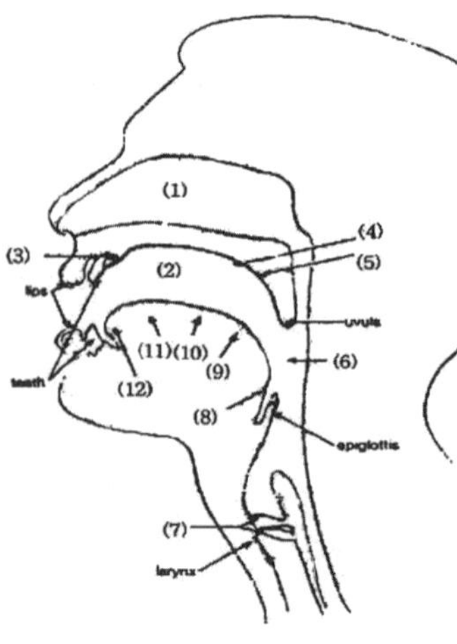

(1)
(2)
(3)
(4)
(5)
(6)
(7)
(8)
(9)
(10)
(11)
(12)

3. 괄호 안에 알맞은 어휘를 써 넣으세요.

(1) 입술이 기능하여 소리가 만들어 질 때 그 소리를 (　　　)이라고 하며, 특히 두 입술을 모두 이용하여 만들어지는 소리를 (　　　)이라고 한다.

(2) (　　　)은 위쪽 앞니의 안쪽 잇몸을 뜻하며 다른 말로 gumridge라고도 한다

(3) 연구개가 올라가 인두 벽에 닿아 비강으로의 공기 통로를 막게 되면 공기가 구강으로만 흘러가게 되는데, 이 때 연구개의 상태를 (　　　)라고 한다.

(4) 후두에는 말소리를 생성하는 데에 매우 중요한 역할을 하는 (　　　)가 위치해 있는데 이 기관의 개폐작용에 따라 무성음과 유성음이 나온다.

(5) 말소리를 낼 때에는 허파에서 나오는 공기의 기류를 이용하는데 이 기류를 (　　　)라고 하며, 이처럼 폐에서 입 밖으로 내보내는 공기를 (　　　)라고 한다.

(6) 말소리를 생성하는데 가장 주요한 세 가지 요소는 (　　　), (　　　), 그리고 성대이다.

4. 성대의 여러 가지 형태와 특징에 대하여 토론해 봅시다.

2

모음

2.1 모음의 표기

말소리는 크게 모음과 자음 두 가지로 분류된다. 그런데 영어음성학에서 모음과 자음의 구분은 알파벳 문자에 의해서가 아니라 발음에 의해서 구분됨을 분명히 할 필요가 있다. 흔히 알파벳 문자로 자음과 모음을 구분하는 오류가 있기 때문이다. 예를 들어 eat나 tree 같은 단어에서 모음을 나타내는 문자는 각각 두 글자씩 들어 있으나, 실제 발음은 각각 [it]와 [tri]로 실현된다. 즉, eat와 tree는 모두 [i]모음이 각각 한 번씩 나타나므로 하나의 모음을 가졌다고 할 수 있다.

한편, 발음을 표기하기 위해 사용하는 음성 기호는 1886년 국제음성협회에서 **국제음성기호**(IPA: International Phonetic Alphabet)를 최초로 제정하면서 사용되기 시작하였다. 그러나 이 음성 기호는 그 동안 여러 음성학자들에 의해 수정, 보완되어 지금은 그 기술 목적에 맞게 다양한 표기 방법이 사용되고 있다. 참고로 여러 학자들이 제시한 모음의 음성 기호 표기는 <표 1>과 같다.

〈표 1〉 모음 기호 표기법 비교

examples	Jones	Kenyon & Knott	Trager & Smith
*ea*t	i:	i	iy
s*i*t	i	ɪ	i
c*a*ke	ei	e	ey
l*e*t	e	ɛ	e
b*a*t	æ	æ	æ

f*oo*d	uː	u	uw
p*u*t	u	ʊ	u
b*oa*t	ou	o	ow
th*ou*ght	ɔː	ɔ	ɔh
d*o*g	ɔ	ɒ	ɔ
c*a*lm	ɑː	ɑ	ah
b*u*s	ʌ	ʌ	ə
*a*n	ə	ə	ə
b*ir*d	əː	ɝ	ər
fath*er*	ə	ɚ	ər
w*i*de	ai	aɪ	ay
*ou*t	au	aʊ	aw
b*oi*l	ɔi	ɔɪ	oy

전통적으로 시중에 출판되어 있는 영한사전에서 사용하는 표기는 Jones의 음성 기호가 대부분이다. 그러나 요즘 학생들은 인터넷 검색 포털에서 제공하는 사전을 이용하는 경우가 많다. 그 중 NAVER 사이트에서 제공하는 사전에서는 Kenyon & Knott 식의 모음표기를 사용하며 DAUM 사이트에서는 Jones 식의 표기법을 사용하므로, 학생들은 각각의 표기법을 잘 익혀서 정확한 발음으로 말하는 연습을 해야 한다. 본서에서는 영어의 소리 체계를 이해하는데 보다 많은 도움을 줄 수 있는 Kenyon & Knott식의 표기 방법을 쓰기로 하겠다.

2.2 모음(Vowels)과 자음(Consonants)

일반적으로 사람들은 모음과 자음을 직관적으로 잘 구분하는데 막상 그 차이가 무엇이냐고 물으면 말문이 막히는 경우가 적지 않다. 영어의 어휘들은 대개 자음과 모음의 조합으로 이루어지는데, 그 차이를 음성학적으로 살펴보면 다음 세 가지로 구분하여 설명할 수 있다.

첫째, 자음과 모음의 차이는 우선 조음 방법에 있다. 모든 모음은 허파에서 올라오는 공기의 흐름이 방해 받지 않고 구강 밖으로 흘러나가면서 발음된다. 모음 중에서 구강의 크기가 가장 작아진 상태로 발음되는 소리가 [i]인데, 이 때 구강의 크기는 허파에서 올라오는 공기의 흐름이 방해 받지 않고 자유롭게 구강 밖으로 흘러 나갈 정도로 여유가 있다. 그리고 공기의 흐름이 방해를 덜 받을수록 **공명성**(sonority)은 높아진다. 공명성이란 발음할 때 구강 또는 비강 내에서의 소리의 울림을 말한다. 모든 소리는 청자의 귀에 도달하는 음향 강도, 즉 그 들리는 크기가 각각 다르다. 이러한 소리의 감각량을 소리의 울림이라고 한다. 예를 들어, 모음 [a]와 자음 [s]를 같은 크기, 같은 길이, 같은 높이로 발음했을 때 전자가 후자 보다 더 멀리 들리는데 이 때 [a]는 [s]보다 울림이 크다고 할 수 있다. 즉, 모음이 자음보다 소리의 울림이 큰 것이다. 이러한 울림의 정도를 공명성이라 한다.

한편, 구강이 [i] 소리를 발음할 때의 크기 보다 더 작아지면 공기의 흐름이 다소 자유롭지 못하게 된다. 이것은 구강의 크기가 너무 좁아져 공기가 흘러 나갈 때 방해를 받게 되기 때문이다. 이러한 상태에서 발음되는 소리가 자음이다. 자음은 모음보다 훨씬 다양한 방법으로 발음되는데, 모든 자음은 허파에서 구강 밖으로 나가는 공기의 흐름이 원활하지 않다. 즉, 자음을 발음할 때는 입술이나 입천장에서 공기의 흐름이 차단되거나 공기 흐름이 심하게 방해받거나 또는 그 흐름의 방향이 바뀌기도 한다. 그러므로 이러한 조음방법의 차이로 인하여 자음은 모음에 비해 공명성이 낮다.

둘째, 공명성이 높은 모음은 음절(syllable) 형성에 중요한 역할을 한다. 인간이 사용하는 말소리는 음절을 형성하여 전달되는데, 음절이란 단어를 구성하는 소리들을 공명성의 정도에 따라 세분화시켜 구분하는 단위를 말한다. 즉, 단어보다 더 작은 단위라고 말할 수 있다. 음절에 관해서는 5장에서 자세히 살펴보겠지만 음절의 특징을 간단히 설명하면 음절은 자음과 모음으로 구성되나 자음보다는 모음에 중심을 둔다. 따라서 공명성이 높은 모음은 음절의 핵(nucleus)이 될 수 있는 반면, 공명성이 낮은 자음은 음절의 핵이 될 수 없다. 음절은 핵에 해당하는 모음이 존재해야만 형성될 수 있으며 자음만으로는 음절을 형성할 수 없다. 모음을 음절의 핵으로 보는 이유는 바로 공명성이 높기 때문인데 공명성이 높아야 의사소통에서 중요한 소리의 전달력이 용이하기 때문이다. 그러므로 음절은 단어를 구성하는 음의 기본 단위가 된다. 예컨대, pepper[pɛpər]는 두 개의 음절 [pɛ]와 [pər]로 이루어진 하나의 단어이다. 그리고 이 두 음절의 중심을 이루는 핵은 모음 [ɛ]와 [ə]이다.

그런데 자음 중에서도 예외적으로 공명성이 비교적 높은 일부의 소리 즉, 유음 [l, r]이나 비음 [m, n] 등은 때에 따라 성절자음(syllabic consonants)을 이루어 음절의 핵으로 작용하기도 하는 특성을 갖는다. 이들은 비록 자음이지만 모음에 가까운 공명성을 지니는 까닭에 모음이 없는 음절에서 모음 대신에 음절 핵의 역할을 하는 경우가 있다. 이에 대해서는 5장에서 더 자세히 다루기로 하겠다.

마지막으로, 모음과 자음의 차이는 성대의 진동 여부에 있다. 모음을 발음할 때는 항상 성대가 진동하는데 이러한 진동은 구강 내 공명성을 크게 하여 소리가 더 멀리 울려 퍼지는 효과를 가져온다. 반면 자음을 발음할 때는 성대의 진동이 있을 수도 있고 없을 수도 있는데 성대의 진동이 있을 때에는 유성음이 생성되고 성대의 진동이 없을 때는 무성음이 생성된다. 무성음은 울림이 거의 없는 상태이므로 소리의 전달력이 약하다. 따라서 모음은 모두 유성음인 반면 자음은 유성음과 무성음으로 이루어져 있다. 이러한 특징은 <표 2>에서와 같이 간단히 요약된다.

〈표 2〉 모음과 자음의 비교

모음	자음
공명성이 높다	공명성이 낮다
음절의 핵이 된다	음절의 핵이 되지 못한다 (단, 성절자음 [m, n, l, r]은 음절의 핵이 될 수 있다)
유성음이다	무성음, 유성음이다

무성음과 유성음에 따른 자음의 다양한 특징은 4장에서 다루겠다.

2.3 단순 모음(Monophthongs)과 이중 모음(Diphthongs)

영어에 쓰이는 모음은 크게 **단순 모음**과 **이중 모음**으로 나뉜다. 단순 모음이란 처음 발음하기 시작할 때와 끝날 때의 소리가 변함이 없는 것, 다시 말해서 발음하는 동안 모음 음가(sound values)의 변화가 없이 한결같은 소리를 내는 모음이다. 예컨대, this의 모음 [ɪ]는 아무리 길게 발음해도 그 음가가 변하지 않는다. 시작도 [ɪ]고 끝도 [ɪ]다. 반면에 이중 모음이란 처음 시작할 때의 소리와 끝날 때의 소리가 달라지는 모음을 뜻한다. 즉, 발음하는 동안에 음가의 변화가 생기는 모음인데, 하나의 소리에서 시작해서 또 다른 소리로 끝맺으며 이 두 음을 자연스럽게 하나의 단위로 이어서 발음하는 특징을 보인다. 예컨대, kite[kaɪt]에서 모음 부분을 천천히 발음해 보면 처음 시작은 [a]로 발음되는데 나중에는 [ɪ]로 변한다. 이 때 kite는 단일 음절어이므로 [aɪ]는 비록 시작과 끝의 발음이 다르긴 해도 한 단위의 모음으로 간주해야 한다.

이와 같이, 영어 모음에는 발음하는 동안 음가의 변화가 없는 단순모음과 음가의 변화가 발생하는 이중모음이 있는데, 어느 것이든 단일 음절을 이루는 핵의 역할을 하므로 단순모음이건 이중모음이건 한 단위의 모음이다. 특히, 영어를 외국어로 공부하는 한국 학생들은 이중모음이 모음 발음 기호 두 개로 표기되는 경우가 많아서 두 개의 모음, 나아가서 두 개의 음절이라고 잘못 생각하기 쉬우며, 이러한 잘못된 생각으로 인하여 발음의 오류를 범하기 쉬우므로 각별히 유의해야 한다.

2.4 모음 분류 기준

모음은 다양한 조음 작용에 의하여 그 음가가 달라진다. 그러한 여러 가지 모음의 음가를 결정해 주는 요소를 다음과 같은 네 가지로 분류하여 설명할 수 있다.

(1) 혀의 높이(tongue height)

혀의 높낮이에 따라서 구강의 크기는 달라진다. 우리가 입을 크게 벌리면 턱이 밑으로 내려가며 혀도 또한 함께 내려가므로 구강의 크기가 커진다. 반면에 입을 오므리면 턱이 위로 당겨지고 혀도 입천장에 가깝게 올라가게 되어 구강의 크기는 작아진다. 이와 같이 혀의 높낮이는 구강의 크기와 모양을 조절하며, 구강의 크기와 모양에 의한 공명의 정도가 달라짐에 따라 모음의 음가도 달라진다. 이와 같이 혀의 높낮이에 따라 음가가 달라지는 모음을 **고모음**(high vowel), **중모음**(mid vowel), **저모음**(low vowel)으로 구분한다.

(2) 혀의 위치(tongue position)

구강의 크기와 모양은 혀의 높낮이뿐만 아니라 혀 근육의 수축 작용에 의해서도 조절된다. 혀는 어떤 모음을 발음하느냐에 따라 수축되는 부분이 달라지는데, 수축되는 부분은 아치형을 이루면서 솟아올라 구강의 크기와 모양을 조절한다. 이 때 혀의 어느 부분의 근육이 수축되는가를 기준으로 하여 **전설 모음**(front vowel), **중설 모음**(central vowel), **후설 모음**(back vowel)으로 구분한다.

(3) 입술의 둥글림(원순성: lip rounding)

모음 중에서 [o]나 [u]처럼 입술을 오므려 앞으로 내밀고 발음하는 소리들이 있는데, 이 때 입술의 둥글림(원순성)이 형성된다. 즉, 입술을 앞으로 내밀면 입술 모양은 자연스럽게 둥근 모양이 되는데 이 때 발음되는 모음이 **원순모음** [u, ʊ, o, ɔ]이다. 영어에서는 대개 후설 모음의 경우에 입술이 둥근 모양이 되어 발음된다. 반면에, 입술이 앞으로 나오지 않아 입술이 둥근 모양이 되지 않고 평평한 상태에서 발음되는 모음을 **비원순 모음**(unrounded vowel)이라고 한다. 영어에서는 위에 열거한 네 개 이외의 모음은 모두 비원순모음이다.

(4) 혀의 긴장도(tenseness)

혀의 높이나 위치는 비슷하나 혀의 긴장도에서 차이가 나는 모음들이 있다. 모음을 발음할 때 혀의 근육이 더 많이 수축하면 혀가 긴장된 상태로 소리를 내게 되고 반대로 혀의 근육이 이완되면 혀가 긴장하지 않은 상태로 소리를 내게 되는 것이다. 예를 들어, 단어 eat와 it에서 모두 전설 고모음 [i]가 발음되는 듯하지만 혀의 긴장도에 있어서 차이가 있다. eat의 [i]가 발음될 때 it의 [ɪ]보다 혀의 근육이 더 긴장된다. 즉, 입술에 더 많은 힘이 들어가고 양 옆으로 더 많이 펴지며, 혀가 조금 더 높아지고 수축하는 정도도 더 크며 수축하는 위치도 더 앞이다. 이와 같이 근육의 긴장도가 상대적으로 더 큰 모음을 **긴장 모음**(tense vowel)이라고 하고, 근육이 덜 긴장되어 발음되는 모음을 **이완 모음**(lax vowel)이라고 한다. 긴장 모음에는 [i, e, u, o] 등이 속하고, 이완 모음에는 [ɪ, ɛ, æ, ʊ, ʌ, ə(ɚ)] 등이 속한다.

영어에서 기본 모음 체계는 위와 같은 네 가지 분류 기준을 바탕으로 기술되는데, 이를 한 눈에 파악할 수 있도록 혀의 높이를 세로축으로 하고 혀의 위치를 가로축으로 하여 그 교차점을 표시한 것이 그림 3과 같은 모음 사각도(vowel quadrangle)이다.

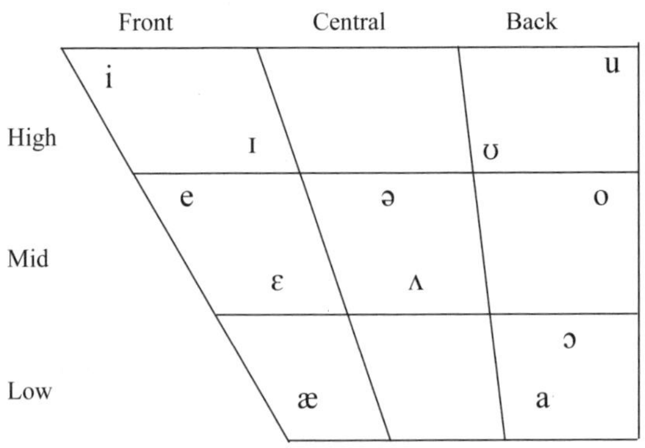

그림 3. 영어의 모음 사각도(vowel quadrangle)

모음 사각도의 가로축에는 혀의 위치에 따라 혀의 앞부분이 수축되는 전설 모음, 혀의 중앙부가 수축되는 중설 모음, 혀의 뒷부분이 수축되는 후설 모음이 표시되며, 세로축에는 혀의 높낮이에 따라 고모음, 중모음, 저모음이 표시된다. 이 중에서 저모음 [ɔ]는 때에 따라서 중모음으로 보는 경우도 있는데, 이는 만들어지는 위치가 중모음과 저모음의 경계 부근이기 때문이다. 본서에서는 저모음으로 분류하기로 한다. 또한 [a]도 후설저모음에 위치해 있지만 학자에 따라서 중설저모음으로 보는 경우도 있다. 이와 같이 모음의 경계가 다르게 나타날 수 있는 것은 영어 모국어화자들 사이에서도 소리의 위치 경계를 정확히 나누기가 애매하기 때문이다. 따라서 본서에서는 모음의 위치와 높이를 그림 3과 같은 표준에서 보겠다.

한편, 이들 모음 중에서 후설 모음 [a]와 [ɔ]는 때에 따라서 긴장 모음으로 발음 될 때도 있고 이완 모음으로 발음 될 때도 있다. [a]와 [ɔ]가 장모음 [a:]와 [ɔ:]로 소리 나면 긴장모음이 되고 단모음으로 소리 나면 이완모음이 된다. 간혹 저모음 [æ]가 장모음으로 나타나 긴장모음의 양상을 보일 때가 있지만 이는 매우 드문 경우이며 대체로 단모음으로 나타나므로 이완모음으로 취급한다.

긴장모음이 생성되는 혀 근육의 수축은 장모음이나 이중모음을 발음할 때 두드러진다. 장모음(long vowels)과 이중모음(diphthongs)은 모두 단모음(short vowels)을 발음할 때보다 음의 길이가 상대적으로 길다. 더욱이 이중모음은 발음하는 도중에 음가를 변화시켜야 하므로 단모음보다 혀가 더 긴장할 수밖에 없다. 즉, 음의 소리를 길게 내거나 음가의 변화를 주기 위해 혀 근육에 힘을 가하게 되면 혀가 긴장하게 되는 것이다. 따라서 대체적으로 단모음은 이완모음일 때가 많고, 장모음과 이중모음은 긴장모음이라고 할 수 있다.

또한 원순 모음은 입술을 오므려 둥근 상태로 앞으로 내밀어 발음하는 소리인데 대개 후설 모음이 여기에 속한다. 그림 3에서 [a]는 후설 모음에 속해 있으나 간혹 중설 모음으로 분류하기도 하며, 다른 후설 모음들과는 달리 원순 모음에 속하지 않는다. 이것은 [a]를 발음할 때 입술을 오므리지 않고 입을 크게 벌리면서 입술이 다소 옆으로 벌어지므로 둥근 입술 모양이 되지 않기 때문이다. 이 [a]를 포함하여 전설 모음과 중설 모음은 모두 비원순 모음이라 할 수 있다.

2.5 모음의 종류

2.5.1 전설 모음(Front Vowels)

전설 모음이란 혀의 앞부분(front of the tongue)이 수축되어 발음되는 모음이다. 영어의 전설 모음으로는 [i, ɪ, e, ɛ, æ]의 다섯 모음을 들 수 있다. 이 중 [i, ɪ]는 고모음으로서 [i]는 긴장모음이고 [ɪ]는 이완모음이다. 따라서 [i]는 입술을 양 옆으로 많이 펴지게 하고 입술과 혀의 근육에 더 힘을 주면서 발음을 하고, [ɪ]는 입술을 펴지 않고 입술과 혀 근육에 힘을 주지 않고 편안한 상태로 발음한다. [i]는 한국어의 '이'에 가깝고 [ɪ]는 한국어의 '이'보다 다소 혀가 낮아지므로 입술이나 혀를 보다 적게 움직여야 한다. 이러한 이유로 원어민 화자가 정상 속도로 발음할 때 종종 [ɪ]가 [ə]로 들릴 때도 있으므로 의사 소통 시에 각별히 발음에 유의해야 한다. 일반적으로 널리 인쇄되어 사용되는 전통적인 영한사전에는 Jones식 방법을 취하여 긴장 모음 [i]가 [i:]로, 이완 모음 [ɪ]가 [i]로 표기되어 있어 이 두 소리의 차이가 마치 길이만의 차이인 듯 보이나, 실제로는 혀 근육의 긴장도의 차이이며, 긴장도라 함은 혀의 높이, 위치, 근육의 수축 정도 등의 차이를 모두 포함한다. 이러한 측면에서 볼 때 Jones 식 모음 표기법은 긴장/이완모음의 차이를 자칫 장단의 차이로만 인식시키기 쉬우므로, 본서에서는 긴장/이완 모음의 차이가 모음의 장단만의 차이가 아니라 조음상 다른 기능의 차이도 있음을 고려하여 Kenyon & Knott식의 표기법을 사용한다.

전설 모음 중에서 [e, ɛ]는 중모음으로서 [e]는 긴장 모음이고 [ɛ]는 이완 모음이다. 고모음과 마찬가지로 긴장 모음 [e]는 입술을 양 옆으로 약간 펴지게 하고 입술과 혀의 근육에 더 힘을 주면서 발음하고 후자는 입술을 펴지 않고 입술과 혀의 근육에 힘을 주지 않으면서 편안한 상태로 발음한다. 이 경우에 각별히 유의해야 할 것은 긴장 모음 [e]는 단순 모음이 아니라 이중 모음 [eɪ]로만 쓰인다는 사실이다. 예를 들어, gate의 모음은 이중 모음으로서 [eɪ]로 발음되며 desk의 모음은 단순 모음으로서 [ɛ]로 발음된다. 일반적으로 널리 사용되고 있는 대부분의 영한사전에서 긴장모음 [e]는 [ei] 또는 [eɪ]로 이완모음 [ɛ]는 [ɛ] 또는 [e]로 표기되어 있으므로 혼동하지 않도록 각별히 유의해야겠다.

전설 모음 중 혀의 위치가 가장 낮은 모음은 저모음 [æ]이다. 이 소리는 혀의 앞부분을 많이 내리는 동시에 턱을 최대한 내리고 발음한다. 국어의 '애'보다 턱을 약간 더 내리고 입을 크게 벌려 소리를 낸다. 입을 크게 벌리려면 다른 모음보다 시간이 더 걸리므로 다소 길게 발음되는 경향이 있다.

다음 그림들은 전설 모음이 발음될 때의 혀의 높이와 위치 그리고 입술의 모양을 나타낸 것이다. 그림을 잘 보고 정확한 발음을 연습해 보자.

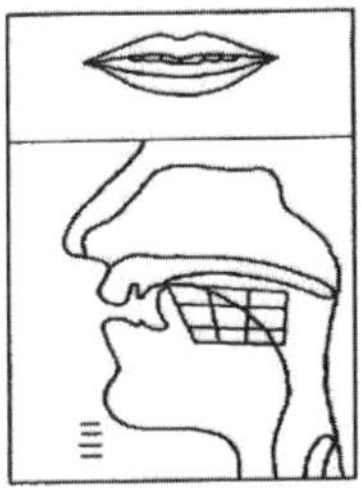

/i/

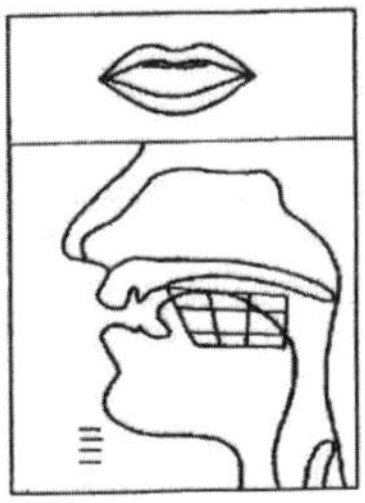

/ɪ/

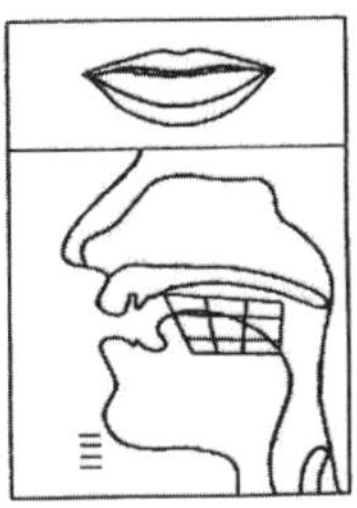

/e/

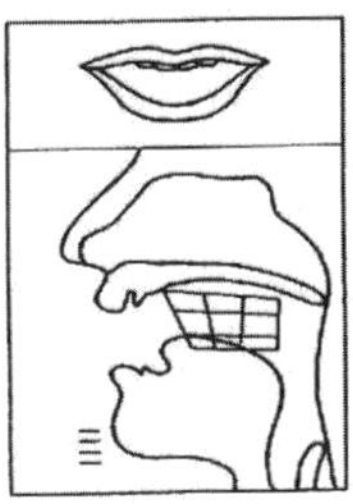

/ɛ/

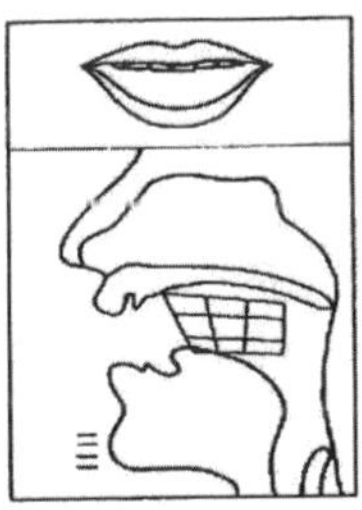

/æ/

그림 4

2.5.2 전설 모음 연습

(1) [i] (high front unrounded tense vowel)

each	need
neat	sleep
beat	seek
breathe	chief
flea	thief
scheme	leave
key	quay
knee	people
seat	meet
heat	leak

① Please, leave these seats free.
② The leaves of these trees are green at this season.
③ These trees need heat to keep them green.
④ We'll have three teas, please.
Three teas with cheese and beans on toast.
⑤ We sweethearts are reading about Argentina.
⑥ Lying under a green tree, eating meat and cheese, his feet fell asleep.

(2) [ɪ] (high front unrounded lax vowel)

knit	busy
pick	ridge
pretty	chilly
village	debate
image	itch

bit	mitt
rick	hit
diligent	finish
trim	frigid

① It is a pity, his little pig, his little pig is sick.
② This little inn is the best inn in the village.
③ Why is sister Lily sitting knitting in silence?
④ In this pretty city live three simple, silly sisters: Kitty, Cissie and Bille.
⑤ This is the silliest film I've ever seen since I first went to a cinema.
⑥ The store will bill me later for the dresses I bought.

(3) [i]와 [ɪ]의 혼합형

easy	beastly
needy	seizing
delete	deceit
defeat	believe
relief	seeming
reveal	serene
retrieve	teasing
receipt	seizing
repeat	meeting
speedy	relieve
breezy	thesis
queasy	secede
greedy	fleeing

① Either read the book or get rid of it.
② Didn't you buy it to eat?
③ I didn't seek to be sick.
④ List at least the most important ones.
⑤ She dipped deeply into the sack.
⑥ If you leave me, I don't want to live.
⑦ Those shoes don't fit my feet.

(4) [ɛ] (mid front unrounded lax vowel)

mend	end
edge	friend
scent	breast
head	dead
says	said
egg	men
tell	hen
wreck	bet
bread	spread
shed	else
guessed	French
many	any

① Ten men set out to get to the top.
② Jeff kept the leopard as a pet.
③ I'll get ten desks.
④ The red train pulled into the west station.
⑤ Rest in bed, that's the tenth mistake the bank made.
⑥ Get some bread at the store.
⑦ These eggs are fresh.

(5) [ɛ]와 [ɪ]의 혼합형

penny	message
plenty	relent
any	sensitive
many	sensible
readily	request
sentry	deadly
detest	resent
friendly	depend

① They begged a big meal.
② There was a sharp noise as the ball met his mitt.
③ The living influenced us more than the dead did.
④ Can you lift what's left?
⑤ The beggar made a bid for a bigger.
⑥ He will make an effort to visit you.
⑦ Dense smoke filled the room.

(6) [æ] (low front unrounded lax vowel)

add	tack
ant	rag
axe	lad
hand	sank
hat	mad
catch	trap
back	stamp
exact	canal
mass	impact
average	cabbage

① His farm is on flat land.
② She glanced in the mirror as she passed.
③ The camper had cooking equipment in his pack.
④ The lawmakers passed an act to increase taxes.
⑤ A man sat on a black cat and the black cat was squashed flat, for the man was a fat man.

(7) [ɛ]와 [æ]의 대조

men	man
fed	fad
net	gnat
bet	bat
said	sad
set	sat
bread	brad
merry	marry
kettle	cattle
gem	jam
rent	rant
blend	bland
beg	bag

① Bankers lend money on land.
② His bad leg made him lag behind.
③ You've certainly met your match.
④ He says that he will come if he can.

(8) [e] (mid front unrounded tense vowel)

age	frame
ache	sable
ague	shame
available	radiant
sleigh	declaim
abrade	ancient
mange	arrange
major	strange
basin	wave
frail	laid
aid	taste

① James hates people taking his name in vain.
② Eight grave grey apes were eating grapes without haste.
③ In spite of his age, he has neither aches nor pains.
④ Our maid Maisie makes mistakes but she never breaks plates, and isn't lazy.
⑤ The baby in the grey bathing suit is named David.
⑥ They laid the table with plates of cake and grapes.

(9) [ε]와 [e]의 대조

bet	bate
shed	shade
red	raid
get	gate
edge	age
met	mate
test	taste
fed	fade

pepper	paper
when	wane
pen	pane
fell	fail
sent	saint
pent	paint
tent	taint
gems	James

① Tell us a tale, Grandma.
② There's a gate to get through.
③ I hope long dresses are a fading fad.

2.5.3 후설 모음(Back Vowels)

후설 모음이란 혀의 뒷부분(back of the tongue)이 수축되어 발음되는 모음으로서 [u, ʊ, o, ɔ, a]의 주요 다섯 모음이 여기에 속한다. 후설 모음 중 [a]를 제외하고는 모두 입술의 둥글림이 있어 원순 모음이다. 후설 모음 중 [u, ʊ]는 고모음으로서 [u]는 긴장 모음이고 [ʊ]는 이완 모음이다. [u]는 [ʊ]보다 두 입술을 앞으로 더 많이 내밀어 발음하며, 이 때 입술이나 혀의 근육은 [ʊ]를 발음할 때 보다 더 많이 긴장한다. 반면에, [ʊ]는 입술을 아주 조금만 내밀고 발음하며 상대적으로 입술이나 혀의 근육이 [u]를 발음할 때보다 이완된다. 특별히, [ʊ] 모음은 실제 미국인들의 발음에서 [ə]로 약화되는 경우가 있는데 이런 현상은 다음 예에서 보이듯이 [ʊ]가 파열음 또는 마찰음 사이에 위치할 때 더욱 두드러진다. 이러한 모음의 약화현상은 대체로 대화체에서 그것도 빠른 말투에서 빈번히 나타나므로 영어 듣기나 말하기 학습 시에 각별히 주의해야 한다.

(3) a. She shook them.
[šʊk]
↓
[šək]

b. Don't <u>put</u> your <u>foot</u> on the table.
[pʊt] [fʊt]
↓ ↓
[pət] [fət]

c. She <u>pushed</u> the <u>book</u> away.
[pʊš] [bʊk]
↓ ↓
[pəš] [bək]

앞서 언급한 이완 모음 [ɪ]와 마찬가지로 [ʊ] 역시 그 조음의 특성상 [u]보다는 [ə]에 더 가까운 음기로 인식될 수 있다는 점에 유의해야 한다.

한편, 일반적으로 널리 쓰이는 영한사전에는 [u]가 [u:]로, [ʊ]가 [u]로 표기되어 있어 [u]와 [ʊ]의 차이가 소리의 장단의 차이만 있는 것으로 인식하기 쉬우나, 앞서 전설모음 [i, ɪ]의 경우에서처럼 실제로 이것은 혀의 수축의 정도에 따른 긴장성의 차이에서 나오는 음의 장단임을 유의해야 한다.

중모음 [o]는 전설 모음 [e]처럼 항상 이중 모음으로만 쓰인다. 예컨대, cold의 모음은 국어의 '오'가 아니라 오히려 '오우'에 가깝다. 이 때, '오'를 강하게 발음하고 난 뒤에 '우'는 약하고 짧게 발음해야 정확한 이중 모음 발음이 된다. [o] 역시 [e]와 마찬가지로 일반 사전에서는 [ou] 또는 [oʊ]로 표기되어 있어 두 개의 모음이 연속된 것처럼 잘못 인식될 수 있으나 이는 이중 모음을 표기한 것이니 한 단위의 모음으로 인식하여 주의 깊게 연습하여야 한다. 또한 입술의 둥글림이 있어 발음할 때 두 입술을 내밀면서 발음해야 한다.

저모음 [ɔ]는 [o]보다 혀의 높이가 다소 낮으며 입술의 둥글림이 있는 원순 모음으로서 간혹 중모음으로 분류되기도 한다. 이 [ɔ] 모음은 국어에는 없는 소리이므로 각별히 유의할 필요가 있다. 이 소리를 발음할 때에는 턱을 아래로 내리고 입술을 둥근 모양으로 크게 벌린 상태에서 약간 앞으로 내밀어 발음한다. 한국인들은 이 소리를 흔히 '어'나 '오'로 잘못 발음하는 경우가 많은데, 실제로는 '어'도 아니고 '오'도 아니며 다만 청각적으로 '오'와 비슷하게 들리는 발음이므로 각별히 주의해서 연습하여야 한다.

후설 모음 중 혀의 높이가 가장 낮은 저모음으로 [a]가 있는데, 이 소리는 입술의 둥글림이 없으므로 입술을 내밀지 않은 상태에서 턱을 아래로 내려 입을 크게 벌려 발음한다.

이상에서 설명한 후설 모음 [u, ʊ, o, ɔ, a]가 발음될 때의 혀의 높이와 위치를 다음 그림 5에서 확인하고 정확한 발음을 연습해 보자.

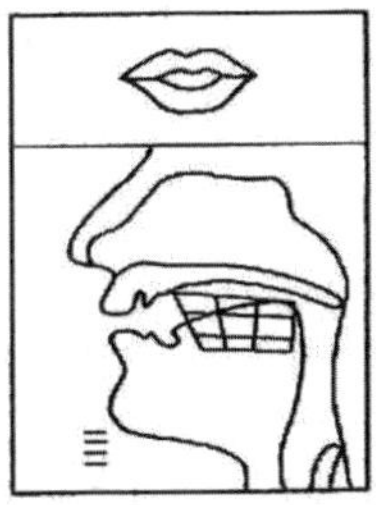

/u/

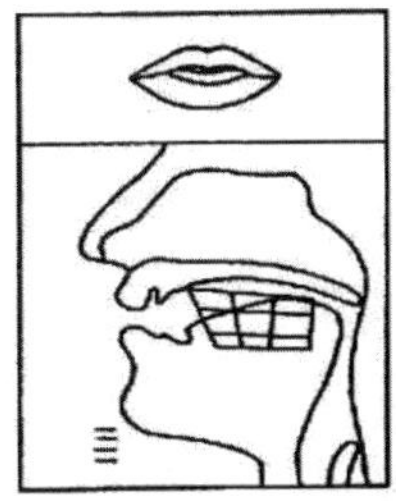

/ʊ/

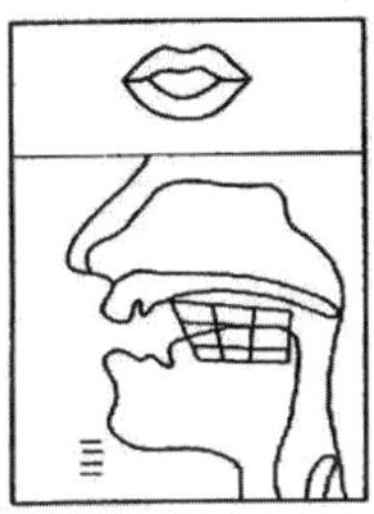

/o/

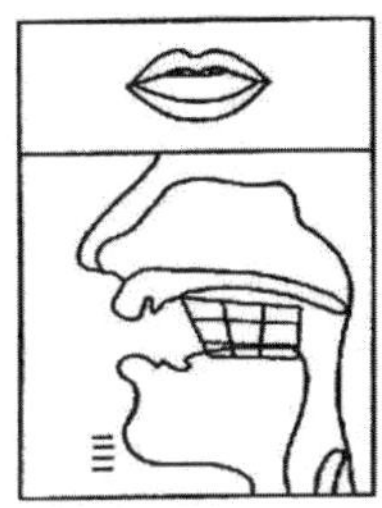

/ɔ/

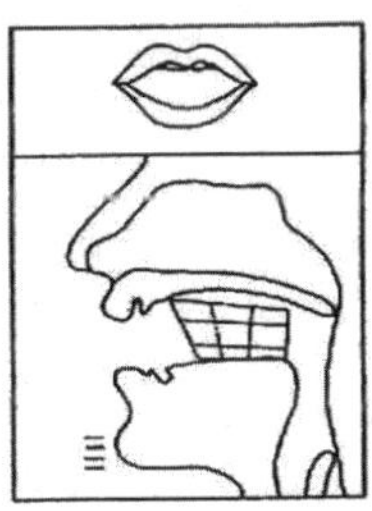

/a/

그림 5

2.5.4 후설 모음 연습

(1) [u] (high back rounded tense vowel)

hoof	brute
shoot	June
hoop	truth
tooth	rude
remove	screw
tomb	blew
lose	suitable
prudent	fruit
ooze	grew
food	threw
loop	moon
resolute	flute

① A ruler should choose to refuse to use methods that fool and confuse his subjects.
② The fool threw his suit and shoes in the pool.
③ A rude, brutal ruler will soon lose the fruits of his efforts if he is foolishly ruthless.
④ He just stood and looked at his food.
⑤ The woodland pools are cool in summer, and full of beautiful fish, which are also useful as food.

(2) [ʊ] (high back rounded lax vowel)

put	brook
full	cook
push	book

took	foot
look	hood
good	wood
wool	could
nook	should
rook	would
hook	crook
shook	bull

① The wolf pushed the door open and looked into the room.
② When the cook saw the wolf, the cook shook with fear and tried to push the door.
③ The book looked good, so I took it.
④ The cook looked in the book for a boulevard in the neighborhood.

(3) [o] (mid back rounded tense vowel)

coal	pole
note	bone
hope	nose
rope	foal
choke	crow
slow	flow
blow	throw
hold	told
ghost	hoe
dough	sew
potato	imposing
tomato	coconut

① Rover won't stay at home unless Rover's got a bone.
② His nose gets cold but as he's not old there's no need to worry.
③ He wrote many short poems.
④ She sewed the button on his coat.
⑤ The store closed because it sold very few things.
⑥ The crow was slowly going home.

(4) [ɔ] (low(mid) back rounded vowel)

awe	straw
law	raw
water	wall
hall	almost
walk	chalk
storm	form
nought	caught
thought	sought
bought	taught
brought	fraught
daughter	slaughter
door	floor
quart	sordid
ordinary	dormitory

① I called my daughter.
② Most paper absorbs water.
③ After a long sickness, his health was restored.
④ You ought to be cautious.
⑤ Portly Paul Corder snores. Paul Corder's snores are awful. They're hoarse, coarse, snores. He snores worse than a horse.

(5) [o]와 [ɔ]의 대조

coat	caught
note	naught
boat	bought
oat	ought
no	gnaw
won't	want
hoax	hawks
cold	called
bowl	ball
woke	walk

① The ball is in the bowl.
② I won't ask him, though I want to.
③ You ought to know.
④ I bought a boat.
⑤ When they woke, they took a walk.
⑥ Every man brought his own bowling ball.
⑦ The vet caught his coat in the car door.

(6) [a] (low back unrounded vowel)

shot	knob
gone	wasp
rob	what
knock	watch
hollow	doctor
olive	watchful
squander	probable
quantity	obstacle
quality	commodity

① Tom's got a lot of dots on his shirt.
② I wonder if those dots are spots that'll wash off.
③ What's that long box on top of those books?
④ The collars cost ten dollars.
⑤ He caught a fox in the woods.
⑥ You'll be hot without a hat.
⑦ The sea is becoming calm.
⑧ The car bumped over the hollow spot in the road.

2.5.5 중설 모음(Central Vowels)

중설 모음은 혀의 앞과 뒤의 중간, 즉 혀의 중앙 부분(central of tongue)의 근육이 수축되어 올라가면서 조음되는 모음을 말하는데, [ə, ʌ] 등이 여기에 속한다. 이 중 [ə]는 **중간 모음**(neutral vowel)으로서, 혀의 수축되는 부분이 앞도 뒤도 아니며 혀의 높이가 높지도 낮지도 않은 중간 위치여서 그 음가를 규명하기가 애매하여 **애매 모음**(曖昧母音, obscure vowel)이라고도 한다. 또한 모음이 강세를 잃어 약화되었을 때 나오는 소리라 하여 **약화 모음**(reduced vowel)이라고도 한다. 우리가 아무 말 없이 입을 다물고 있을 때 혀의 위치는 바로 이 [ə]를 발음할 때의 위치이다. 따라서 무심히 가만히 있을 때 옆에서 누군가 툭 치거나 놀라게 하면 '어!'하는 소리를 내게 되는데, 이 때 발음되는 소리가 [ə]로서 혀를 거의 움직이지 않고 입을 약간 벌린 상태에서 힘없이 발음된다. 이 애매 모음을 나타내는 기호 [ə]를 'schwa'라고도 하는데, 강세가 없는 음절에서 가장 흔히 들리는 소리이다. 예를 들어, <u>a</u>bout, frustrati<u>o</u>n, <u>a</u>way, sod<u>a</u>, c<u>o</u>mmend 등의 단어에서 밑줄 친 부분의 발음들이 모두 강세가 없는 애매 모음들이다.

또 다른 중설 모음 [ʌ]는 [ə]를 발음할 때 보다 혀의 수축되는 부분이 미세하게 아래로 옮겨가며 입 모양이 약간 더 벌어지는데 이는 [ə]에 강세를 주어 발음할 때의 소리이다. 따라서 [ʌ]는 [ə]보다 구강의 중앙 부분에서 약간 아래쪽 위치에서 발음난다. 청각적인 느낌은 거의 [ə]와 같지만 [ə]는 강세가 없을 때 나타나는 모음인 반면에 [ʌ]는 강세가 있을 때 나타나는 모음이다. 그러나 이 두 소리는 모두 혀의 긴장성이 없는 이완 모음이다.

여기에서 주의해야 할 점은 강세인데 이미 언급하였듯이 중설모음 [ə]는 항상 강세를 가지지 않는다. 혀의 위치가 중립 위치에서 거의 이동이 없고 입술만 떼고 자연스럽게 이완된 상태로 발음하기 때문에 단어 속에서 이 발음은 흔히 생략되기도 한다. 그러나 같은 이완모음이라 하더라도 [ʌ]는 항상 강세를 가지는 모음이므로 [ə]와는 달리 발음상 단어 속에서 생략되지 않는다. 흔히 이완모음은 강세를 갖지 않는다고 인식하기 쉬운데, 이는 잘못된 생각이므로 오류를 범하지 않도록 주의해야 한다.

혀의 긴장성과 강세부여는 항상 대응관계가 성립되지 않는다. 일반적으로 이완모음 보다는 긴장모음이 혀 근육에 힘이 더 가해지는 경향이 있어 소리의 강도도 더 올라가기 때문에 강세가 주어진다고 판단하기 쉽지만 그렇다고 이완모음에 강세가 주어지지 않는다고 할 수는 없다는 점에 각별히 유념해야 하겠다.

요약하면 [ʌ]와 [ə]는 모두 이완모음이지만 [ʌ]는 항상 강세를 갖는 모음이고 [ə]는 항상 강세를 갖지 않는 모음이다. 그리고 기타의 다른 이완모음들, 즉, [ɪ, ɛ, æ, ʊ, (ɔ, a)] 등도 단어 내의 환경에 따라서 강세를 가질 수 있음을 분명히 알아두어야겠다.

위에서 설명한 중설모음 [ʌ]와 [ə] 외에도 미국 영어에서 자주 사용되는 중설 모음 [ɚ]와 [ɝ]가 있다. 이 모음들은 모두 [r]이 결합된 소리(r-colored sound or rhotic sound)로서 강세의 유무에 있어 차이를 보인다. 예를 들어, 단어 actor를 정상 속도(normal speed)로 발음할 때 강세가 없는 두 번째 음절 [ər]는 [ɚ]로, 그리고 강세가 있는 bird의 모음 [ʌr]는 [ɝ]로 표기된다. 즉, [ɚ]는 [ər]를, 그리고 [ɝ]는 [ʌr][1]를 각각 뜻하는 것으로서, 두 모음 모두 중설중모음(central mid vowel)이며 모음 [ʌ]와 [ə]에 각각 [r]의 특성이 결합되어 소리난다. 따라서 [ɚ]와 [ɝ]를 '[r]의 음색을 지닌 모음(r-colored vowel)'이라고 일컫는다. 이 중 [ɚ]는 강세가 없을 때에 사용되며, [ɝ]는 강세가 있을 때에 사용된다. [ɚ]는 [ə]에 [r]의 음색을 결합시켜 음가의 양상에 변화를 주었을 뿐 [ɚ]와 [ə]는 기본 음가의 자질상 음소의 변화가 없는 같은 모음으로 봐도 무방하다. 다시 말해서, actor를 [æktɚ] 또는 [æktə]로 발음해도 의미의 차이 없이 동일하다는 것이다. 단지 [r]의 음색을 가지지 않는 [ə]를 갖는 경우, 즉, away, arrest, among, about 등에서의 첫 모음들은 모두 [ɚ]가 아니라 [ə]로 발음되는데, 이 때에는 [ɚ]와 [ə]를 혼용하지 않도록 유의해야 한다. 모음 [ɝ]의 경우도 이와 마찬가지로 [ɜ]에 [r]의 음색을 결합시킨 것으로서 [ɝ]와 [ɜ]는 음가 자질의 변함이 없는 같은 모음으로 봐도 문제가 없다.

[ɚ]와 [ɝ] 그리고 [ɜ]와 [ə]의 구분은 미국식 영어와 영국식 영어의 발음 양상에서 찾아 볼 수 있다. [r]의 음색을 띈 전자의 소리들은 주로 미국식 발음에서 자주 나타나고 [r]의 음색을 띄지 않은 후자의 소리들은 주로 영국식 발음에서 나타난다고 할 수 있다. 이와 같은 발음의

---

1) [ɝ]를 일반 영한사전에서는 [əːr]로 표기하기도 하나 음성학적 관점에서 [ɝ]는 긴장모음으로서 강세를 가지므로 항상 강세를 가지는 이완모음 [ʌ]에 [r] 음색이 결합된 것으로 보는 것이 타당할 것이다.

차이는 영어를 사용하는 대륙과 지역에 따라 달리 나타날 수 있지만 영어화자의 개인적 발음의 특성으로도 나타날 수 있다. 그러나 분명한 것은 음성적 [r]의 음색 결합여부는 의미의 차이를 가져오지 않으므로 [r]의 음색을 띈 소리이든 그렇지 않든 의사 소통에는 문제가 없을 것이라는 점이다.

다음 그림은 [ʌ]와 [ɚ]를 발음할 때의 모습인데, 이 그림을 통해서 [r]이 가미된 [ɚ]는 혀의 중앙 부분이 경구개 쪽으로 더 올라가 수축되며 발음 되는 것을 알 수 있다.

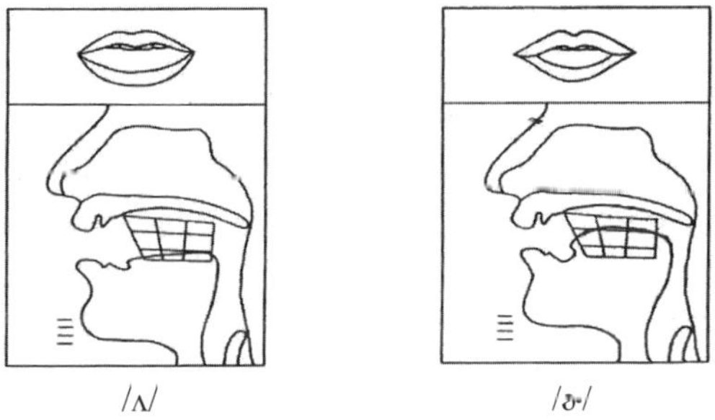

그림 6

그림 6에서 볼 수 있듯이 [ʌ]와 [ɚ]의 차이는 [ʌ]가 [ɚ]보다 구강의 벌어진 정도가 좀 더 크고 혀의 위치도 좀 더 아래쪽으로 내려간 상태에서 발음난다는 점에 있다. 실제로 [ʌ]의 위치가 구강의 아래쪽이다 보니 음성적으로 [a]에 가깝게 들리는 경향이 있다. 그래서 한국학생들 사이에서 흔히 '아'에 가까운 '어'발음이라고 인식하기도 한다. 모음 [ɚ]는 [ʌ]를 발음할 때 보다는 상대적으로 혀의 중앙 부분이 약간 더 올라

가며 구강이 더 적게 벌어진 상태에서 발음난다.

강세 없는 음절에 나타나는 또 다른 모음 [ɨ]가 있다. 이 모음의 음가는 고모음으로서 한국어의 '으'와 유사하나 그 보다는 더 이완된 상태에서 발음되며 혀의 높이도 더 낮다. 예를 들어, 원어민 발음에서는 salad가 [sǽləd]로 발음되는 경우도 있지만, [sǽlɨd]로 발음될 수도 있고, parted가 [parɾɪd][2]로 발음되지만 [parɾɨd]로 발음될 수도 있다. 또한 구절 'I can do it'이나 'Just a minute'에서 can과 just가 강세를 받지 않을 경우에 각각 [kɨn]과 [ǰɨst]로 발음되기도 한다. 이와 같이 [ɨ]는 [ə]보다 더 약화된 모음으로서 강세 없는 음절에 나타난다.

어느 언어에나 방언이 있기 마련인데, 영국영어나 미국영어에도 다양한 사투리가 존재한다. 특히, 미국 남부 방언에서는 예외적으로 강세가 있는 음절에서 [ɨ]가 나타나기도 하는데, 예컨대, sister나 dinner등이 각각 [sɨstɚ], [dɨnɚ]로 발음된다. 이렇게 방언에 따라 예외가 있기는 하나, 일반적으로 중설고모음 [ɨ]는 [ə]와 더불어 강세 없는 음절에 나타나는 모음이라는 점에 유념해야 하겠다.

2.5.6 중설 모음 연습

(1) [ə] 또는 [ɚ] (mid central unrounded unstressed lax vowel)

alert	away
alarm	amiss

2) 음성 표기 [ɾ]는 설탄음(flap)을 나타내는 것으로서, 대체로 미국영어에서 강세 있는 모음과 강세 없는 모음 사이에 끼여 있는 치경 폐쇄음([t], [d])이 설탄음으로 발음된다. 설탄음은 혀 끝이 치경에 살짝 닿았다가 재빨리 떨어지면서 나오는 소리이다. 이 소리는 4장에서 자세히 설명하겠다.

alas	arrest
among	alive
matter	manner
gather	harder
actor	sector
factor	tailor
ardour	porous
jealous	valorous
picture	vulture
adventure	pressure
connect	conclude
persuade	pervasive
commit	compel
commence	commend
potato	tomato

① Can you work faster?
② Columbus discovered America in 1492.
③ They hunted for the lost child.
④ He was so aware of his hunger that he could not study.
⑤ The workmen dumped the dirt into the hole.

(2) [ʌ] (mid central unrounded stressed lax vowel)

ugly	bunch
uncle	munch
love	lunch
sudden	touch
duck	rough
none	done
some	one, won

shove	son, sun
other	monk
brother	mother
thunder	plunder
construct	disgusting
constable	sponge
comfort	cover

① When your work's done, come out in the sun and have some fun.
② Some love onions for lunch or supper, but when one has stuffed oneself with onions, one isn't much loved.
③ A stomach should be a comrade for life; none should puzzle his stomach with uncomfortable foodstuffs.
④ He won a watch and a lot of money.
⑤ The doctor promised to come on Sunday or Monday.

(3) [ɝ] (mid central unrounded stressed tense vowel)

stern	burn
jerk	murk
earth	curds
search	worm
yearn	worse
skirt	heard
third	fir, fur
merciful	preferring
internal	discursive
external	commercial

(4) [ɝ]와 [ʌ]의 대조

fern	fun
curb	cub
bird	bud
burn	bun
girl	gull
shirt	shut
hurt	hut
lurk	luck
pert	putt
berg	bug
curt	cut

모음 기호에도 이름이 있다!

2장을 통해 살펴 보았듯이 모음을 나타내는 음성 기호에는 알파벳 모음 문자 이외에도 여러 가지 다양한 기호들이 있는데 이들을 편리하게 지칭하기 위해서 지어 놓은 이름들이 있다. 특히, 강세와 관련해서 schwa [ə]는 비상세 모음이며 schwar [ɝ]는 강세모음이므로 주의하여 잘 알아두어야 하겠다.

[ɛ]	epsilon
[æ]	ash
[o]	close 'o'
[ɔ]	open 'o'
[ʌ]	caret or wedge
[ə]	schwa
[ɚ]	(unstressed) schwar
[ɝ]	(stressed) schwar

연습문제

1. 모음사각도를 그리고 무엇을 기준으로 만들어졌는지 설명하세요.

2. 입술의 둥글림과 혀의 긴장도에 따라 모음들을 구분하세요.

3. 모음과 자음의 차이를 설명하세요.

4. 다음 모음들을 기술하세요.

   (1) [ɪ]
   (2) [e]
   (3) [æ]
   (4) [ə]
   (5) [ɝ]
   (6) [u]
   (7) [o]
   (8) [ɔ]

5. 다음 단어들에서 밑줄 친 모음의 음성 기호를 쓰고 그 모음의 특징을 기술하세요.

   (1) stock　　(2) put
   (3) encourage　　(4) tease
   (5) throb　　(6) laugh

(7) guest (8) serenity
(9) butcher (10) symphony

6. 다음 단어 쌍들에서 밑줄 친 모음의 음성 기호를 쓰고 그 모음들 간의 기술상의 차이를 설명하세요.

(1) third / better
(2) duck / storm
(3) rude / shook
(4) coal / awful
(5) match / head

7. 다음의 문장들을 발음해 보고 밑줄 친 모음의 음성 기호를 쓰세요.

(1) The child has good blood.
(2) Paul bought a new collar for his dog.
(3) That knotty tree near the cot ought to be cut.
(4) My brother is studying at another college.
(5) The weeping willow limb dipped into the stream.
(6) Ruth sat on a stool in the cool of the June evening.

3

이중 모음

3.1 이중 모음(Diphthongs)과 전이음(Glides)

이중 모음은 단순 모음과 달리 두 가지 음가(sound value)를 가진 하나의 모음을 말한다. 즉, 두 개의 모음이 연속적으로 이어져 발음되는 것처럼 보이나 실제로는 하나의 모음을 구성한다. 실제로 하나의 모음 안에서 조음상의 변화가 일어나면서 발음되는 단일 모음인 것이다. 예를 들어, soil[sɔɪl]이나 pound[paʊnd]에서 모음 [ɔɪ]와 [aʊ]는 기술상으로 각각 두 개의 모음으로 보이나 실제로는 하나의 모음으로서 단일 음절어로 취급된다. 2장에서 언급하였듯이 이중 모음은 시작할 때의 조음점과 끝날 때의 조음점이 다른 한 단위의 모음이며 하나의 음절을 구성한다.

그런데, 이중 모음 [ɔɪ]와 [aʊ]를 구성하는 [ɪ]나 [ʊ] 모음은 이들 이중 모음의 또 다른 구성 요소인 [ɔ]나 [a]에 대해 부수적인 역할을 한다고 할 수 있다. 즉, [ɔɪ]나 [aʊ]에서 각각 [ɔ]와 [a]가 상대적으로 강하게 발음되는 주된 모음이 되고 [ɪ]나 [ʊ]는 약하게 발음되면서 보조의 역할을 하는 부수적 모음이 된다. 이 때 전자는 **음절 주음**이라 하고 후자는 **음절 부음**이라 한다. 음절 부음과 같이 부수적 특성을 지닌 모음을 **전이음** 또는 **활음**(glide)이라고 하는데, 이중 모음에서 나타나는 [ɪ]와 [ʊ]는 각각 전이음 [y](또는 [j])와 [w]로 표기되기도 한다. 따라서 [ɔɪ]는 [ɔy]로, 그리고 [aʊ]는 [aw]로 나타내기도 한다.

전이음 [y]와 [w]는 분류상 성격이 매우 모호하다. 음가로 보면 모음과 유사하지만, 기능면으로 볼 때는 자음에 가깝기 때문이다. 우선 전이음은 모음의 음가와 유사하지만 단독으로 음절 핵(syllable nucleus)이 되지 못하며, 자음에 가깝지만 다른 자음들과는 달리 독립적인 자음으로도 나타나지 못한다. 단지 모음과 결합하여 이중 모음을 형성할 때에만 그 역할을 한다. 전이음 [y]와 [w]는 각각 조음점이 고모음 [i]나 [u]와 같지만 모음만큼 충분히 공명하지 않으며 지속 시간도 짧다. 실제로 모음 [i]나 [u]를 발음할 때 보다 혀의 높이가 조금 더 올라가 구강의 공간이 더 좁아진 상태에서 발음되므로 모음과 동일한 공명성을 갖지는 못한다. 전이음을 자음으로 본다면 자음 중에서는 공명성이 가장 높다고 할 수 있으나 모음과 비교하자면 모음 만큼 공명성이 높지는 않다. 이와 같이 전이음은 순수한 모음도 될 수 없고 순수한 자음도 될 수 없는 소리의 특성 때문에 **반모음**(semi-vowel)이라고도 한다. 일반적으로 전이음은 자음 기술방법을 취하여 [y]는 유성 경구개 전이음(voiced palatal glide), [w]는 유성 양순연구개 전이음(voiced labiovelar glide)으로 기술한다. 즉, [y]는 혀의 앞부분이 경구개를 향하여 올라가므로 경구개음, [w]는 혀의 뒷부분이 올라감과 동시에 입술이 앞으로 나오므로 양순연구개음이라 정의한다.

우리가 흔히 사용하는 일반 사전에서는 이중 모음을 표기할 때 전이음 기호인 [y]나 [w]를 사용하지 않고 편의상 모음으로 표기하는 것이 보통이다. 본서에서도 편의상 모음기호 [ɪ]와 [ʊ]을 사용하여 이중 모음을 표기하겠다. 자주 쓰이는 **표준 이중 모음**으로는 [aɪ, aʊ, ɔɪ, eɪ, oʊ]의 다섯 모음이 있으며, 이들은 각각 두 개의 모음으로 잘못 인식되기 쉬우니 음절 주음에 해당하는 부분이 어디인가를 유념하여 하나의 모음으로 들리도록 자연스럽게 발음하여야 한다.

3.2 이중 모음의 구조

이중 모음을 형성할 때 전이음이 음절 주음 앞에 위치하는지 뒤에 위치하는지에 따라 **전전이음 이중모음**(on-glide diphthong)과 **후전이음 이중모음**(off-glide diphthong)으로 분류할 수 있다. 전전이음 이중 모음은 단어 yes[yɛs]나 one[wʌn]에서와 같이 이중 모음의 발음이 음절 부음인 전이음으로 시작되면서 뒤따르는 음절 주음인 모음이 더 우세하게 들리는 것을 말한다. 반면에, 후전이음 이중 모음은 단어 bite[bayt], soil[sɔyl], boat[bowt]에서처럼 이중 모음의 발음이 음절 부음인 전이음으로 끝나면서 음절 주음인 앞의 모음이 우세하게 들리는 경우를 말한다. 또한 후전이음 이중 모음 중에는 [ɪə], [ɛə], [ʊə], [ɔə], [aə] 등과 같이 음절 부음이 전이음이 아닌 중간 모음 [ə](또는 [ɚ])로 나타나는 경우도 있다. 이와 같은 중간모음을 가진 이중모음에서는 앞부분의 모음 [ɪ], [ɛ], [ʊ], [ɔ], [a]가 음절 주음으로서 더 우세하게 들린다.

또한, 이중 모음의 구조를 조음상의 이동 방향에 따라 다음 (1)과 같이 모음 사각도상에서 나타낼 수 있다. 여기서 화살표의 시작은 이중 모음이 시작될 때의 조음점이며, 화살표의 끝은 이중 모음이 끝날 때의 조음점을 나타낸다. 이 때 조음점의 이동 방향에 따라 **전향 이중모음**(fronting diphthong), **후향 이중모음**(retracting/backing diphthong), **중향 이중모음**(centering/centralizing diphthong)으로 나뉜다. 세 부류의 이중 모음에서 전향 이중모음이과 후향 이중모음에 있는 [ɪ]나 [ʊ] 발음은 모두 전이음 [y]나 [w]로 취급할 수 있으며 중향 이중모음에 있는 [ə]는 [ɚ]로 취급해도 무방하다.

(1) 이중 모음의 구조

① 전향 이중모음(fronting diphthong): [e, aɪ, ɔɪ]
([ey, ay, ɔy])

② 후향 이중모음(retracting diphthong): [aʊ, o]
([aw, ow])

③ 중향 이중모음(centering diphthong): [ɪə, ɛə, ʊə, ɔə, aə]
([ɪɚ, ɛɚ, ʊɚ, ɔɚ, aɚ])

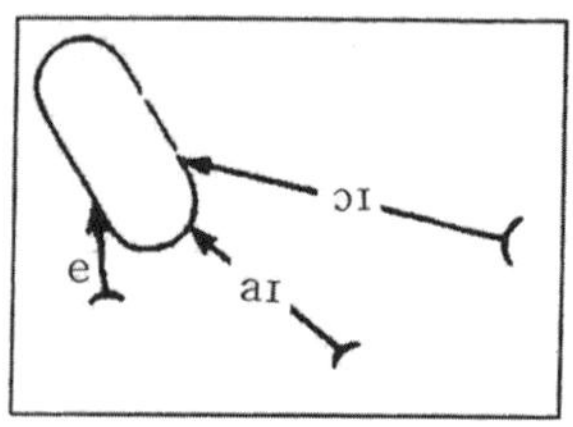

① 전향 이중모음(fronting diphthong)

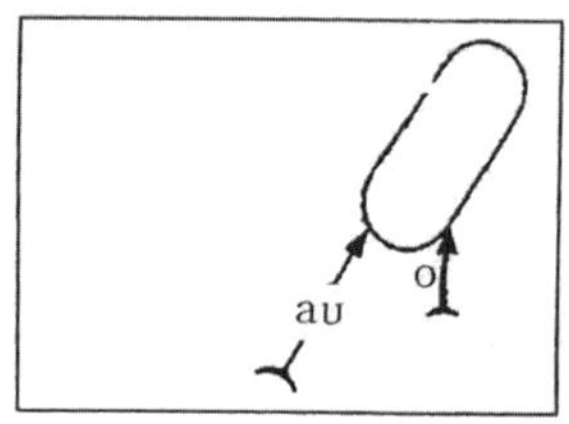

② 후향 이중모음(retracting diphthong)

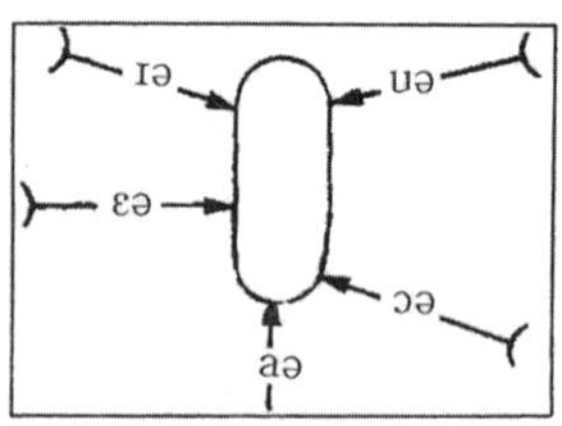

③ 중향 이중모음(centering diphthong)

그림 7

한편, 두 개의 모음이 결합된 소리를 이중 모음이라 한다면 세 개의 모음이 결합된 소리를 삼중 모음(triphthong)이라 한다. 이것은 이중 모음 끝에 중설 모음 [ə]가 첨가되어 형성되며 세 개의 모음이 연속되는 것처럼 보인다. 즉, 전향 또는 후향 이중 모음이 다시 중설 모음 쪽을 향하여 이동하면서 만들어지는 한 단위의 세 모음 연속체다. 미국식 영어에서는 삼중 모음에서 마지막 소리가 [ə]에 [r]의 음가가 가미된 [ɚ]로 발음되기도 하는데, 본서에서는 미국식 발음 [ɚ]를 사용하겠다. 그런데 실제로 [ɚ]는 이중 모음 뒤에 첨가되는 [r] 음가를 대체한 소리라고 할 수 있다. 예를 들어, 단어 tire는 모음 [aɪ]에 [r]가 더해진 [aɪ]+[r]의 형태인데 이것이 실제 음성으로는 [aɪɚ]로 들리는 것이다. 이와 같은 방식으로 삼중 모음에는 [eɪɚ, aɪɚ, ɔɪɚ, aʊɚ, oʊɚ] 등이 있으며 모두 음절 주음인 모음으로 시작하여 음절 부음인 모음 [ɪə] 또는 [ʊə]로 연결되어 끝나는 소리들이다. 그 구체적인 예는 이중모음의 연습에서 다루어진다.

3.3 이중 모음의 발음

이중 모음을 발음할 때 유의해야 할 점은 첫째로 이중 모음의 시작 부분에서 끝부분으로 이동할 때 혀나 입술이 자연스럽게 이어지도록 하여 한 단위의 모음으로 인식되도록 해야 한다는 것이다. 둘째로는 이중 모음으로 단어가 끝나거나 또는 이중 모음 뒤에 오는 자음이 유성음일 때 이중 모음의 길이가 더 길어진다는 점이다. 예를 들어 code[koʊd]와 coat[koʊt]는 모두 같은 이중 모음 [oʊ]가 들어간 단어인데 어말 자음이 각각 [-d]와 [-t]로 끝난다. 이 때 유성음 [d] 앞의 [oʊ] 발음은 무성음 [t] 앞의 그것 보다 좀 더 길게 발음된다. 즉, code에서의 이중 모음 [oʊ]는 유성 자음 [d]로 연결되므로 coat의 [oʊ] 보다 다소 길게 발음 된다는 것이다. 이와 같이 이중 모음은 유무성 환경에 따라 그 발음의 길이가 달라지는데, 이는 단순모음의 경우에도 똑같이 적용된다. 예컨대, kit/kid나 cap/cab의 발음을 비교하면, kid의 [ɪ]는 kit의 [ɪ]보다 다소 길게 발음되며, cab의 [æ] 역시 cap의 [æ]보다 약간 길게 발음된다. 다음 <표 3>에서 제시한 예들을 유무성 환경에 따라 달라지는 모음의 길이에 유의하며 연습해 보자.

〈표 3〉 유성음과 무성음 앞에서의 이중모음 발음 비교

이중 모음	장음으로 발음되는 경우 어말이 이중 모음으로 끝나거나 이중 모음이 유성자음 앞에 올 때	단음으로 발음되는 경우 이중 모음이 무성자음 앞에 올 때
[aɪ]	time	height
	mind	type
	sign	hike
	spied	spite
[aʊ]	now	oust
	bough	doubt
	town	mouse
	mound	mount
[ɔɪ]	toy	moist
	coin	appoint
	poison	choice
	joined	joint
[e]	gay	gate
	maid	ache
	amaze	make
	aid	eight
[o]	sew	dope
	know	coke
	dome	won't
	code	coat

<표 3>에서 알 수 있듯이 어말이 이중 모음으로 끝나거나 또는 유성자음 앞에 이중모음이 올 경우에 무성자음 앞에 올 때보다 이중모음의 길이가 상대적으로 약간 더 길게 발음된다. 이러한 모음의 길이의 차이가 생기는 원인은 무성자음이 유성자음 보다 소리의 방출이 좀 더 오래 지속된다는 특성에서 기인한다. 예컨대, kit/kid 단어쌍을 비교해 보자. 리듬을 맞추기 위해서는 이 두 단어를 발음하는 전체 시간이 같아야 하는데, kit의 [t]를 발음하는 시간은 kid의 [d]를 발음하는 시간보다 약간 길다. 따라서 단어 전체를 발음하는 시간을 같게 하려면 모음의 길이를 역으로 kit의 [ɪ]는 다소 짧게, kid의 [ɪ]는 다소 길게 발음해야 한다. 즉, 전체 단어 길이의 리듬을 같게 만들기 위해서는 유성음을 선행하는 모음을 길게, 무성음을 선행하는 모음을 짧게 발음하게 되는 것이다.

3.4 이중 모음 연습

3.4.1 표준 이중 모음

(1) a. [aɪ]

kite	slide
mile	blind
sigh	bright
height	flight
slight, sleight	thigh
ivy	despite
delight	syphon(or siphon)
icicle	despise
tricycle	quite
deny	shiny
advertise	slily
siren	sniper

① Ice in wine is not nice. Iced wine's a vice.
② I delight in the right wine at the right time.
③ Time flies anyhow.
④ How did that idea strike you?
⑤ They glided across the ice.
⑥ The doctor advised a move to a warm, dry climate.
⑦ We expect a rise in foods prices this winter.

b. [aɪ+r]=[aɪɚ]

ire	hire, higher
iron	flier
tire	buyer
fiery	dyer, dire
spire	prior
liar	wire
wireless	acquire
choir, quire	inspire

(2) a. [aʊ]

owl	round
bow	snout
cow	plow
crowd	rouse
brown	shout
doubt	spout
mouse	scout
around	abound
mountain	fountain
thousand	clowning
confound	expound

① John Brown's been to town.. Now, in town he found anowl, a towel, and a trowel.

② Towser's a sound dog, a bouncing hound who covers the ground by leaps and bounds.

③ Tower, you clown, get down!

④ Shouts of laughter came from the crowd.

⑤ He was to proud to ask for the power.

⑥ The bough bent under the weight of the snow.

b. [aʊ+r]=[aʊɚ]

our, hour	sour
bower	flour, flower
tower	power
cower	dower
shower	lour

(3) a. [ɔɪ]

oil	moist
hoist	join
toil	foist
soil	joist
annoy	recoil
oily	quoit
oyster	poison
enjoy	goıter

① It's a joy to watch the boy playing with his toys.

② The oily voice of the lawyer spoilt our enjoyment of the play.

③ Plant those royal lilies in moist soil.

④ He avoids me because he owes me money.

⑤ A noisy noise annoys an oyster.

b. [ɔɪ+r]=[ɔɪɚ]

lawyer

sawyer

coyer
employer

(4) a. [eɪ] (2.5.2의 (8)의 내용과 동일함)

age	frame
ache	sable
ague	shame
available	radiant
sleigh	declaim
abrade	ancient
mange	arrange
major	strange
basin	wave
frail	laid
aid	taste

① James hates people taking his name in vain.
② Eight grave grey apes were eating grapes without haste.
③ In spite of his age, he has neither aches nor pains.
④ Our maid Maisie makes mistakes but she never breaks plates, and isn't lazy.
⑤ The baby in the grey bathing suit is named David.
⑥ They laid the table with plates of cake and grapes.

b. [eɪ+r]=[eɪɚ]

player	payer
gayer	soothsayer
betrayer	layer

conveyor	greyer
sayer	crayer

(5) a. [oʊ] (2.5.4의 (3)의 내용과 동일함)

coal	pole
note	bone
hope	nose
rope	foal
choke	crow
slow	flow
blow	throw
hold	told
ghost	hoe
dough	sew, sow
potato	imposing
tomato	coconut

① Rover won't stay at home unless Rover's got a bone.
② His nose gets cold but as he's not old there's no need to worry.
③ He wrote many short poems.
④ She sewed the button on his coat.
⑤ The store closed because it sold very few things.
⑥ The crow was slowly going home.

b. [oʊ+r]=[oʊɚ]

grower	rower
blower	lower
mower	thrower

3.4.2 기타 이중 모음

(1) [ɪə](또는 [ɪɚ])

ear	rear
tear	year
clear	spear
shear	sphere
mere	weird
revere	interior
queerly	exterior
delirious	inferior
endearing	fearless

① We're near the end of the year.
② Clear that rubbish out of here and don't put it anywhere near.
③ After her dreary ordeal she was tearful but soon became cheerful.

(2) [ɛə](또는 [ɛɚ])

lair	fair, fare
cairn	flair, flare
repair	square
bare, bear	mare
careless	scarcely
despairing	aquarium
dairy	beware
compare	unbearable

① Would you dare to go to the lair of that hairy bear?
② I can't bear having my nails pared or my hair cut.
③ Mr. Clare has a flair for rare antiques.

(3) [ʊə](또는 [ʊɚ])

poor	fewer
sure	lure
tour	skewer
dour	cure
pure	gourmet

① Your roses need pure manure to make them mature.
② These newer attractions are sure to lure the tourists.
③ The jury were sure the poor man was innocent of stealing the jewels.

연습문제

1. 이중 모음을 정의하세요.

2. 전전이음 이중모음과 후전이음 이중모음의 차이를 설명하세요.

3. 이중 모음의 음가변화를 모음 사각도를 이용하여 설명하세요.

4. 활음의 특성을 자세히 설명하고, 영어에 쓰이는 두 개의 활음을 기술하세요.

5. 다음 단어들이 지니는 이중 모음의 음성 기호를 쓰세요.

(1) square
(2) tour
(3) hound
(4) float
(5) choir
(6) dough
(7) basin
(8) sighed
(9) clown
(10) toad

---

6. 다음 문장에 어떤 이중 모음들이 들어 있는지 표시하세요.

(1) When lions roar or monkeys hoot, they are communicating.
(2) He knows that James used to live a few houses away.
(3) About ten years ago, my boyfriend and I were vacationing.
(4) They were sitting together for about five minutes when the bus arrived.
(5) Claudia wrote a funny tale about a man in her lifetime.

4

자음

4.1 자음 분류 기준

2장에서 설명했듯이, 자음이 모음과 다른 점은 조음 방법에 있어서 자음이 모음 보다 공기의 흐름에 방해를 많이 받는다는 것이다. 자음이 생성될 때 허파에서 나오는 공기는 모음을 생성할 때와는 달리 원활하게 입 바깥으로 흘러 나가지 못한다. 이것은 공기의 흐름이 다양한 방법으로 방해를 받기 때문인데, 그 유형을 다음과 같이 크게 세 가지로 분류할 수 있다.

(1) 허파에서 나온 공기가 구강 어디에선가 완전 차단될 때
(2) 허파에서 나온 공기의 흐름이 심하게 방해 받을 때
(3) 공기가 구강으로 흘러가지 못하고 비강으로 흘러갈 때

공기 흐름의 방해는 비강에서보다 구강에서 더 다양하게 일어난다. 이것은 구강의 구조가 더 복잡하기 때문인데, 구강에서는 입술, 이, 입천장, 혀, 연구개 등 여러 기관이 소리 형성에 관여하지만 비강은 공기 흐름의 방해를 일으킬 어떤 기관도 없이 비어 있다. 따라서 비강에서 만들어지는 자음은 구강에서 만들어지는 자음보다 공명성이 대체로 크다고 할 수 있다. 이것은 공기 흐름의 방해 요소가 적을수록 소리의 울림이 커지기 때문이다.

일반적으로 자음은 세 가지의 특성으로 분류할 수 있는데, 소리를 만드는 방법, 소리를 만드는 위치, 성대의 진동여부에 따라 각각 조음방법, 조음장소, 성문의 상태로 나누어 설명할 수 있다. 우선, **조음방법**(manner of articulation)은 공기의 흐름이 어떤 방법으로 방해받는

가에 따라 자음을 분류하는 방법이다. 조음방법에 따라 자음을 분류하면 **파열음**(plosives, 또는 **폐쇄음**(stops)), **마찰음**(fricatives), **파찰음**(affricates), **비음**(nasals), **유음**(liquids), **전이음**(glides) 등으로 구분된다. **설탄음**(flap)도 치경 파열음 [t, d]의 변이 형태로서 자음의 한 조음방법이라 볼 수 있다.

조음장소(place of articulation)는 공기 흐름의 변화가 구강 내의 어느 지점에서 일어나는가에 따라 자음을 분류하는 것을 말한다. 자음이 조음되는 위치에 따라 그 위치가 두 입술이면 **양순음**(bilabial sound), 윗니와 아랫입술이면 **순치음**(labiodental sound), 윗니와 아랫니이면 **치음**(dental sound)(또는 **치간음**(interdental sound)), 혀끝과 치경이면 **치경음**(alveolar sound), 혀의 앞부분과 치경경구개이면 **치경경구개음**(alveopalatal sound), 혀의 앞부분과 경구개이면 **경구개음**(palatal sound), 혀의 뒷부분과 연구개이면 **연구개음**(velar sound)이라 불린다. 그리고 공기의 흐름이 성대에서 방해를 받거나 차단될 때에는 **성문음**(glottal sound)이 생성된다. 이러한 각각의 조음장소에서 나오는 소리들을 살펴보면 <표 4>와 같이 정리할 수 있다.

〈표 4〉 조음 장소와 소리

조음 장소	소리	조음 장소	소리
입술(lips)	bilabial, labial	치경(alveolar ridge)	alveolar
이(teeth)	dental, interdental	치경경구개(alveopalate)	alveopalatal
설첨(tongue tip)	apical	경구개(hard palate)	palatal
설단(tongue blade)	laminal	연구개(soft palate, velum)	velar
설배(tongue body)	dorsal	성문(glottis)	glottal

자음 /t, d/는 설첨(혀끝)이 치경에 닿아서 나오는 소리인데 이 자음들은 설첨(tongue tip, apex)을 이용한다하여 'apico-alveolar'라고도 한다. 그 밖에 설첨이 이용되는 소리들은 'apical'이라고 한다. 또한 [ʃ, ʒ, ʧ, ʤ]와 같이 설단이 치경경구개 위치에 근접하여 생성되는 소리들은 설단(tongue blade, lamina)을 이용한다 하여 'laminal'이라고 한다. 그 밖에도 연구개 파열음인 /k, g/는 설배(혓몸)가 연구개에 닿아서 나오는 소리로서 이러한 자음들이 설배(tongue body, dorsum)를 이용한다하여 'dorso-velar'라고도 일컫는다. 대체로 혀의 뒤쪽을 이용하여 나오는 소리는 연구개에 근접하여 생성되므로 'dorsal'이라고 한다.

마지막으로 자음은 성문의 상태, 즉, 성대의 진동 여부(voicing)에 따라 유성음과 무성음으로 분류할 수 있다. 각 자음이 조음될 때 성대가 진동하면 유성음이, 성대의 진동이 없으면 무성음이 만들어지는데 이것은 성문이 좁아지면 허파에서 올라오는 공기가 빠져나갈 때 성대를 진동하게 되어 유성음이 나오는 것이고 성문이 넓어지면 공기가 빠져나가기가 원활하므로 성대를 진동시키지 않아 무성음이 생성되기 때문이다. 성대의 진동은 우리가 실제로 말을 할 때 손을 목에 대어 보면 느낄 수가 있다. 예를 들어, 자음 [s]를 발음할 때 손가락을 목의 툭 튀어나온 부분(Adam's Apple)에 대어 보면 진동을 전혀 느낄 수 없는 반면에 [z]를 발음할 때 대어 보면 진동을 느낄 수 있다. 따라서 [s]는 무성음이고 [z]는 유성음이다.

이와 같은 자음은 조음방법, 조음장소, 성대의 진동 여부 이 세 가지 기준에 따라 각기 다른 자음들로 발음되고 그 각각의 자음들의 예는 다음 <표 5>을 통해 알 수 있다.

〈표 5〉 자음의 조음표

Place	Bilabial (양순음)		Labiodental (순치음)		Dental (치음)		Alveolar (치경음)		Alveopalatal (치경경구개음)		Palatal (경구개음)		Velar (연구개음)		Glottal (성문음)	
Voicing / Manner	vl	vd	vl	vd	vl	vd	vl	vd	vl	vd	vl	vd	vl	vd	vl	vd
Plosives (파열음)	p	b					t	d					k	g	ʔ	
Fricatives (마찰음)			f	v	θ	ð	s	z	š	ž					h	
Affricates (파찰음)									č	ǰ						
Nasals (비음)		m		(ɱ)				n				(ɲ)		ŋ		
Liquids (유음)								l,r				(r)				
Glides (전이음)		w										y(j)		w		
Flaps (설탄음)								ɾ								

<표 5>에서 볼 수 있듯이 자음은 조음방법에 따라 파열음, 마찰음, 파찰음, 비음, 유음, 전이음 등으로 나누며, 그리고 조음장소에 따라 양순음, 순치음, 치음, 치경음, 치경경구개음, 구개음, 연구개음, 성문음 등으로 분류할 수 있다. 그리고 조음방법에 따른 파열음, 마찰음, 파찰음은 성대의 진동 여부에 따라 유성음과 무성음으로 나뉘고, 비음, 유음, 전이음 등은 모두 유성음으로만 구성된다.

그러면 이제 영어에 쓰이는 자음들을 조음방법에 의한 분류 기준에 따라 상세히 살펴보기로 하겠다.

4.2 파열음(Plosives)

파열음이란 허파에서 올라오는 공기의 흐름을 구강 어디에선가 차단시켜 만드는 소리이다. 즉, 구강 내에 갇혀 있던 공기가 갑자기 파열되면서 생성되는 소리를 파열음이라 하는데, 파열되기 직전에 구강 내에서 공기가 완전히 차단되어 폐쇄된 상태이므로 **폐쇄음**(stop sound)이라고도 한다. 그리고 이 파열음은 조음될 때 공기가 차단되는 구강 내 위치에 따라 **양순 파열음**(bilabial plosive: [p, b]), **치경 파열음**(alveolar plosive: [t, d]), **연구개 파열음**(velar plosive: [k, g]) 등으로 구분된다.

양순 파열음 [p, b]는 두 입술이 맞닿아 공기의 흐름이 차단되었다가 파열되는 소리이다. 이 중 [p]는 성대의 진동이 없는 무성 양순 파열음이고, [b]는 성대의 진동이 있는 유성 양순 파열음이다. 치경 파열음 [t, d]는 설첨이 치경에 닿아 공기를 차단했다가 파열시킴으로써 생성되는 소리인데, [t]는 무성 치경 파열음이고 [d]는 유성 치경 파열음이다. 그리고 연구개 파열음 [k, g]는 혀의 뒷부분이 연구개에 닿아 공기가 차단되어 만들어 지는 소리로서 이 중 [k]는 무성 연구개 파열음, [g]는 유성 연구개 파열음이다.

이 외에도 파열음에는 **성문음**(glottal)이 있는데, 이것은 성대가 완전히 닫혀 있어서 허파에서 올라오는 공기가 성대 밑에 갇혀 있다가 순간 성대가 열려 공기가 파열되면서 생성되는 소리이다. 음성 기호로는 [ʔ]로 표시하며 일부 방언에서 쓰인다. 예를 들어, 스코틀랜드어(Scottish)나 런던 토박이 방언(London Cockney)에서는 bottle 또는

butter의 [t]가 성문 파열음으로 발음되며 미국영어의 일부 방언에서도 mountain, rotten, certain, bitten, sudden 등의 [t] 또는 [d]가 성문 파열음으로 발음되기도 한다. 또한 성문 파열음은 대체로 어말의 발음이 [-tn] 또는 [-dn]으로 끝날 때 /t, d/ 음소 대신에 나타나는 경우가 많다. 예를 들어, 두 자음 [-tn]에서 보면 구강음 [t]와 비강음 [n]가 연속적으로 이어지며 모두 같은 장소인 치경에서 발음되는데, 처음에 /t/ 음소가 발음되는 순간 파열이 생성되기도 전에 이미 성문이 순간 폐쇄되었다가 열리면서 성문 파열음 [ʔ]로 변하여 발음된다. 이 밖에도 hot one, footwear, network, night watch 등에서처럼 어말의 음소 /t/ 뒤에 순음-연구개 전이음(labiovelar glide: /w/)이 뒤따라 올 때 또는 /t/가 음절이나 단어 마지막 위치에 나올 때 음소 /t/ 대신에 성문음 [ʔ]이 생성되기도 한다. 따라서 이 단어들은 각각 [haʔwʌn], [fʊʔwɛɚ], [nɛʔwɝk], [naɪʔwatʃ]의 발음을 갖게 된다. 그리고 앞서 언급했듯이 bottle이나 little에서도 일부 방언에서 성문 파열음이 나올 수 있는데 주로 영국식 발음에서 [baʔl], [lɪʔl]과 같이 성문 파열음으로 발음되며 미국식 발음에서는 대체로 나타나지 않는다. 오히려 bottle이나 little에서의 /t/는 미국식 발음으로는 [baɾl], [lɪɾl]과 같이 설탄음(flap: [ɾ])으로 발음되는 경우가 더 많다고 할 수 있는데 이 설탄음에 관한 자세한 내용은 4.7에서 설명하도록 하겠다. 보다 쉬운 예를 보자면, 영어의 'no'를 의미하는 표현 'uh-uh'에서 두 개의 모음 사이에 들리는 소리를 주의하여 들어보거나 발음해 보면 성대에서 공기 흐름이 순간 차단되었다가 방출되는 것을 느낄 수 있는데 이 때 생성되는 소리가 성문 파열음이다. 이 소리는 성대가 완전히 닫혀 있어야 생성 가능한 소리이므로 유성음일 수 없으며 항상 무성음으로만 발음된다. 이 성문 파열음은 대체로 빠른 대화체에서 생성되며 천천히 발음할 경우에는 [t]와 [d]의 소리가 대체로 그대로 발음된다. 따라서 처음 음성적 특성을 배우는 학생들은 개별적인 소리의 특징을 학습한 후 연습을 통하여 읽기와 대화에 익숙해지면 이 발음이 자연스럽게 나오므로 너무 의식적으로 성문음을 발음하려고 의도하지 않아도 될 것이다.

그러면 각 조음 위치에 따른 파열음들을 발음할 때의 발성기관의 모습을 보고 정확하게 발음할 수 있도록 연습해 보자.

4.2.1 파열음 연습

4.2.1.1 양순 파열음(Bilabial Plosives)

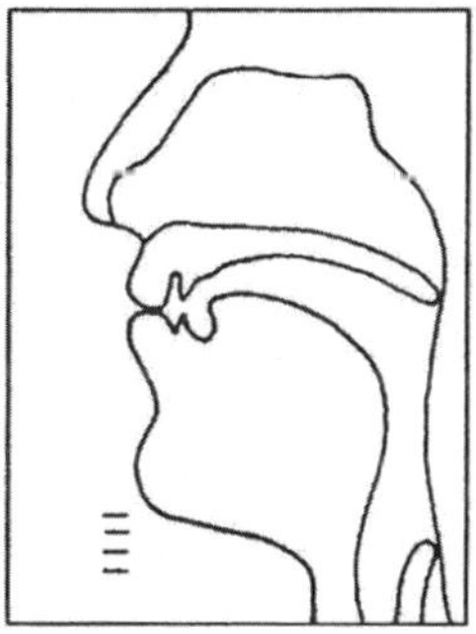

/p/, /b/

그림 8. 양순 파열음

(1) [p] (voiceless bilabial plosive)

path	pure
poor	prank
plane	place
drop	hope

top	carp
dispose	disappoint
dispatch	display
spend	special
captain	empty
simple	people
staple	ample
couple	topple

① Some people prefer prunes to plums and apples.
② Ping-pong is a popular sport and is played in many places.
③ Peter Piper picked a peck of pickled peppers.
④ Portugal, Peru, and Persia are far apart.
⑤ There is a paper and pencil in my apron.
⑥ The airplane captain wore a cap and smoked a pipe.
⑦ Stop, put down the hubcap, let's jump rope.

(2) [b] (voiced bilabial plosive)

bold	bosom
tribe	rub
cab	tube
black	babble
rabble	table
grub	rhubarb
bamboozle	sob noisily
submit	glib manner

① The blackbird brought back a beautiful big worm for his babies.
② The buzzing of the busy bees in the bushes and blossom is a lovely sound.

③ The blow he received broke a rib.
④ The boy played with a boat in the tub.
⑤ Under the bed was a ribbon, a hubcap, and a live bird.

4.2.1.2 치경 파열음(Alveolar Plosives)

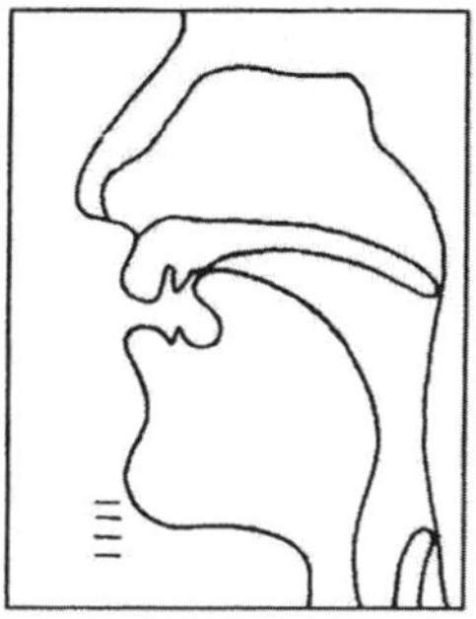

/t/, /d/

그림 9. 치경 파열음

(1) [t] (voiceless alveolar plosive)

tap	team
hat	root
treat	truck
trunk	true
intrude	contrive
strong	stray
mental	dental
mutton	cotton
kitten	button
liftman	utmost
little	cattle

① The trip by train took a tiresome twenty-two hours.
② Too many teenagers tend to waste their time watching television.
③ Three twigs twined tightly.
④ The cat's tail stood straight up in the air.
⑤ A hostile attack was expected during the night.

(2) [d] (voiced alveolar plosive)

delight	dent
dream	drive
dry	dress
proud	feed
edition	muddy
gladder	made
admit	admiral
goldmine	sadness
madness	goodness
sudden	hidden
trodden	harden
middle	coddle
riddle	candle

① A deep ditch divides the meadow from the dwelling.
② Don't dare meddle with the documents in the drawer.
③ He tried to put the saddle on the donkey, but the donkey wouldn't let him handle him.
④ Dust is a disk's worst enemy.
⑤ Guards were on duty to prevent plunder.

4.2.1.3 연구개 파열음(Velar Plosives)

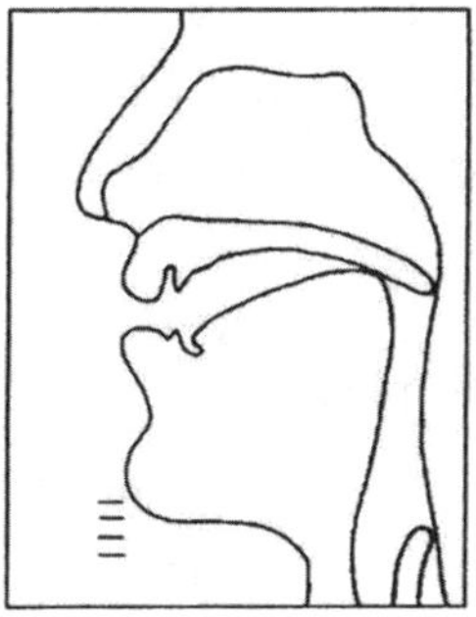

/k/, /g/

그림 10. 연구개 파열음

(1) [k] (voiceless velar plosive)

keep	cool
chaos	chemist
chord	choral
acme	bacon
hackney	nickname
thicken	slacken
winkle	wrinkle
ankle	uncle
quality	quantity
quick	quarrel
require	requite
squeal	squeak
commit	compel

① I acquired a quaint copper kettle in the market.

② If we keep quiet we may be lucky and see the cuckoo.
③ The cream-colored can, driven carelessly, collided with a cart carrying a quantity of sticky clay.
④ He had his pocket picked in the crowd.
⑤ He liked the boy's frank way of speaking.

(2) [g] (voiced velar plosive)

grace	guard
ghost	figure
wig	plague
giddy	trigger
pigment	fragment
ignorant	cognate
glue	glove
bangle	eagle
anger	eager
stronger	younger
exact	exalt
exhibit	exhaust

① The great king gave his guests magnificent gifts of gold.
② If you go digging in the garden, don't forget to get your old grey gloves.
③ Our grey geese gave us an angry warning when the hungry wolf come again.

4.2.1.4 성문 파열음(Glottal Plosive)

[ʔ] (voiceless glottal plosive)

button	mountain
fountain	bitten
rotten	mutton
fatten	certain
hot one	network
footwear	night watch
bottle	little

4.2.2 대기음(Aspirated Sound)과 비대기음(Unaspirated Sound)

파열음에서 찾아볼 수 있는 두드러진 음성적 특징은 주로 무성음에서 나오는 음성적 변이형(phonetic variants)이다. 이것은 곧 대기(aspiration)를 말하는데, 대기의 특성은 파열음이 발음되는 위치에 따라 나타나기도 나타나지 않기도 한다. 무성 파열음 [p, t, k]는 각 소리가 위치하는 환경에 따라 발음의 면밀한 차이가 있는데, 예컨대, pot[pɑt]에서 [p]를 발음할 때 손바닥을 입술 가까이에 대어 보면 다량의 공기가 입 밖으로 방출됨을 느낄 수 있다. 이와 같이 영어의 무성 파열음이 발음될 때 강한 공기의 방출이 일어나는 현상을 대기(aspiration)라고 한다. 그리고 pot의 [p]처럼 대기를 동반하는 파열음을 대기 파열음(aspirated plosive)이라 하고 음성 기호로는 [p^h]로 나타낸다. 이런 현상은 ten의 [t]와 keep의 [k] 경우에서도 마찬가지로 각각 대기 치경음

(aspirated alveolar plosive), 대기 연구개음(aspirated velar plosive)이 나타나며 이 또한 각각 [tʰ]와 [kʰ]로 나타낸다.

반면에, spot[spɑt]에서의 [p]를 발음할 때에는 같은 파열음이지만 공기가 갇혔다가 갑자기 터지는 순간의 공기 방출이 매우 약하게 느껴진다. 이것은 첫 소리 /s/에서 이미 공기가 방출되고 있으므로 뒤따르는 파열음은 첫 소리로 나올 때만큼 공기 파열이 강하지 않기 때문이다. 이때의 소리를 비대기 파열음(unaspirated plosive)이라 하며 음성 기호는 아무 구별기호(diacritic mark) 없이 [p]로 나타낸다. 나머지 치경과 연구개에서 나오는 비대기 파열음도 각각 [t]와 [k]로 나타낸다.

이러한 대기와 비대기 파열음의 발음 분포를 살펴 보면, 어두나 강세 있는 음절의 첫소리에서는 대기 파열음 [pʰ, tʰ, kʰ]가 나타나며, 강세 없는 음절의 첫소리나 음절 첫소리 자음 [s] 바로 뒤에서 비대기 파열음 [p, t, k]이 나타난다고 할 수 있다. 이러한 소리들을 이해하기 쉽게 한국어와 비교하자면 대기 파열음은 'ㅍ, ㅌ, ㅋ'과, 그리고 비대기 파열음은 된소리 'ㅃ, ㄸ, ㄲ'과 유사하다고 보면 될 것이다. 영어를 영어답게 발음하기 위해서는 대기음과 비대기음을 적절히 구분하여 사용하여야 하며 이를 위해서 많은 연습이 필요하다.

4.2.3 대기음과 비대기음 연습

aspirated plosive		vs.	unaspirated plosive	
(1) [pʰ]	port		[p]	sport
	pain			spade

	peak		speak
	pencil		special
	pack		company
	dispatch		whisper

(2) [t^h]	tap	[t]	step
	tend		stand
	tool		stool
	table		stable
	terminal		star
	Thomas		stomach
	intend		instead

(3) [k^h]	kite	[k]	sky
	catch		sketch
	keen		scheme
	kill		skill
	curl		anchor
	quarter		liquor
	carrot		slacken

4.2.4 불파음(Unreleased Sound)

파열음에서 나타날 수 있는 또 다른 특징으로서 무성 파열음이 어말 또는 저해음(obstruent) 앞에 위치할 때 공기의 파열 없이, 즉 공기가 밖으로 방출되지 않은 채 발음된다는 점을 들 수 있는데, 이러한 파열음을 불파음(unreleased sound)이라 한다. 예를 들어, stop[stap]에서의 [p]는 화자에 따라 공기의 파열을 수반하여 발음할 수도 있지만 대부분의 경우 두 입술을 다물어 공기를 입 밖으로 방출하지 않은 채로 말소리를 끝낸다. 또 다른 예로 actor[æktər]의 [k] 다음에 다른 파열음 [t]가 뒤따르면서 [k]는 공기의 파열 없이 불파음으로 발음된다. 이러한 불파음은 비개방음이라고도 하며, 음성 기호로는 [p˺, t˺, k˺] 또는 [p°, t°, k°]로 나타낸다. 이는 유성파열음 [b, d, g]의 경우에도 똑같이 적용된다. 예를 들어, rib, dad, dig에서 각 단어의 마지막 자음은 유성파열음이지만 공기의 파열이나 방출 없이 모두 불파음 [b°, d°, g°]로 실현될 수 있다.

4.2.5 불파음 연습

(1) [p˺]	stopped	stop ticking
	tripped	trip gaily
	snapped	keep going
	hoped	deep cleft
	kept	slept
(2) [t˺]	football	that cat
	catgut	put back
	nightcap	fat poodle
	coastguard	let go
	catkin	sit down

(3) [k˺]	fact	picked
	actor	cracked
	locked	black dog
	pickpocket	sick child
	sector	look down

무성음 뒤에 위치한 과거형 어미 '-ed'는 실제로 [t]로 소리나므로 저해음이다. 따라서 lock<u>ed</u>, stopp<u>ed</u>, tripp<u>ed</u>, pick<u>ed</u> 등에서 과거형 어미인 저해음 [t] 앞에 있는 무성 파열음은 모두 불파음으로 발음된다. 물론 단어의 경계를 넘어 뒤따르는 단어의 첫소리가 저해음일 때도 그것을 직접 선행하는 무성 파열음은 불파음이 된다.

4.3 마찰음(Fricatives)

마찰음은 구강 내에서 공기가 차단되어 발음되는 파열음과는 달리 구강 내 어느 지점에선가 공기 통로가 극도로 좁아져서 공기의 흐름이 심하게 방해를 받아 생성되는 소리이다. 예를 들어, 영어 마찰음 중 하나인 [f]는 윗니가 아랫입술에 살짝 닿은 상태에서 입안의 공기가 윗니와 아랫입술 사이의 미세한 틈을 비집고 나오면서 생성된다. 따라서 마찰음은 구강 내의 공기가 아주 좁은 틈을 비집고 입 밖으로 방출되므로 매우 시끄러운 소리를 내게 된다. 이는 바람이 몹시 부는 날 창문을 아주 조금만 열었을 때 매우 시끄러운 바람소리가 나는 것과 같은 이치이다. 영어에서 쓰이는 마찰음은 조음점에 따라 다섯 가지로 구분되는데, 순치 마찰음(labiodental fricative: [f, v]), 치간 마찰음(interdental fricative: [ɵ, ð]), 치경 마찰음(alveolar fricative: [s, z]), 치경경구개 마찰음(alveopalatal fricative: [š, ž]), 그리고 성문 마찰음(glottal fricative): [h])이 바로 그것이다.

순치 마찰음 [f, v]는 앞서 설명한 바와 같이 윗니를 아랫입술에 살짝 대고 공기가 그 사이를 비집고 방출되면서 생성되는 소리이며, 성대의 진동 여부에 따라 [f]는 무성음이고 [v]는 유성음이다. 이들 마찰음은 한국어에서 전혀 쓰이지 않는 말소리이므로 각별히 유의해야 한다. 종종 [f]와 [v]를 각각 [p]와 [b]로 대치하여 발음하는 경우가 있는데, 이는 한국어 간섭현상(interference)에 의한 잘못된 발음이므로 지속적인 연습을 통해 정확한 발음을 할 수 있도록 노력해야 한다.

치간 마찰음 [ɵ, ð]는 윗니와 아랫니 사이에 설첨을 살짝 물고 공기를 입 밖으로 방출시켜 발음한다. 방언에 따라서는 설첨을 윗니 안쪽에 댄 상태에서 공기를 내보내어 발음하기도 한다. 이들 마찰음 역시 한국어에 쓰이지 않으므로 정확한 발음을 할 수 있도록 주의해야 한다. 종종 무성음 [θ]를 [t]나 [s]로, 유성음 [ð]를 [d]나 [z]로 발음하는 경우가 있는데, 이는 올바른 발음이 아니므로 바르게 발음하는 연습이 필요하다.

치경 마찰음 [s, z]는 설첨이 치경에 거의 닿을 정도로 가까이 간 상태에서 그 사이를 통해 공기가 비집고 나오면서 마찰을 가지고 생성되는 소리로서, [s]는 무성음이고 [z]는 유성음이다. 이들 치경 마찰음을 발음할 때 한국어의 'ㅅ'이나 'ㅈ'과 같이 발음하는 경우가 간혹 있는데 영어의 [s, z]는 한국어의 'ㅅ, ㅈ'과는 다르다. 한국어의 'ㅅ'과 'ㅈ'은 치경보다 더 뒤쪽, 즉, 치경경구개에서 발음되므로 영어의 [s, z]와는 그 음가가 다르다. 특히 영어 [z]는 한국어의 'ㅈ'과 달리 유성(voicing)이 강하므로 성대를 충분히 진동시켜 발음해야 한다.

치경경구개 마찰음 [š, ž](일반적인 영한사전에서는 [ʃ, ʒ]로 표기됨)는 혀의 앞부분 또는 설단이 둥글게 아치형을 이루며 올라가서 치경경구개 부분에 거의 닿을 정도로 가까이 간다. 그 사이의 좁은 틈을 통해 공기가 입 밖으로 흘러 나가면서 생성되는 마찰음으로 [š]는 무성음, [ž]는 유성음이다. 특히, [ž]는 한국어에 없는 소리로서 파찰음 [ǰ]와 혼동하여 발음하는 경우가 많은데, [ž]와 [ǰ]는 모두 조음 장소는 치경경구개로서 같으나 조음 방법에 있어서는 분명히 다르다. [ž]는 혀의 앞부분이 치경경구개 가까이 올라가 공기의 통로를 좁혀 공기의 마찰을 일으키지만, [ǰ]는 [d]와 [ʒ]를 융합시킨 [ʤ]를 뜻하는 소리로서 [ž]와는 다르게 혀의 앞 부분을 입천장의 치경경구개에 닿게 하였다가 바로 떼면서 순간적으로 공기의 차단과 마찰적 방출이 거의 동시에 일어나도록 하는 소리이다. 간단히 말해서, [ž]는 입천장에 혀가 닿지 않지만 [j]는 입천장에 혀가 닿았다가 나오는 소리라는 점에서 다르다. 따라서 이 두 소리의 조음 방법의 차이를 이해하고 혼동하지 않도록 주의해야 한다.

마지막으로 성문 마찰음 [h]는 다른 마찰음처럼 구강 내에서 공기의 마찰이 일어나는 것이 아니라 성문에서 마찰이 일어나는 소리이다. 즉, [h]는 성문이 매우 좁게 열려 그 열린 틈으로 공기가 구강으로 흘러 나가면서 생성된다. 1장의 그림 2의 c항이 바로 이 성문 마찰음이 발음될 때의 성대의 모양으로서, 성대의 극히 일부만이 열려 있음을 볼 수 있다. 한편, 철자상의 'h'는 성문 마찰음 [h]로 발음되기도 하지만 발음되지 않는 경우도 많으므로 정확한 발음을 확인하고 연습해야 한다.

지금까지 살펴본 영어 마찰음은 혀의 모양에 따라 크게 **평설 마찰음**(slit or flat fricatives)과 **비평설 마찰음**(grooved fricatives)으로 구분할 수 있다. 평설 마찰음은 혀의 표면이 편편한 상태로 발음되는 소리로서 순치 마찰음과 치간 마찰음이 여기에 속하고 비평설 마찰음은 혀의 중앙이 다소 움푹 파여 마치 공기가 홈(groove)을 타고 방출되는 것과 같은 상태로 발음되는 소리로서 치경 마찰음과 치경경구개 마찰음을 가리킨다. 이러한 비평설 마찰음은 평설 마찰음에 비해 마찰이 더 심하게 일어나서 유난히 시끄러운 소리를 만들게 된다. 또한, 마찰음은 공기 흐름이 차단되지 않고 매우 좁은 통로를 통하여 지속적으로 방출되므로 숨이 찰 때까지 화자가 의도한 만큼 오랜 시간 동안 발음이 지속될 수 있는 특징이 있다.

이제 평설 마찰음과 비평설 마찰음들이 어떠한 발성 기관들을 이용하여 발음되는지 그림 11의 모양에 따라 정확한 발음을 할 수 있도록 연습해 보자.

4.3.1 평설 마찰음(Slit Fricatives) 연습

4.3.1.1 순치 마찰음(Labiodental Fricatives)

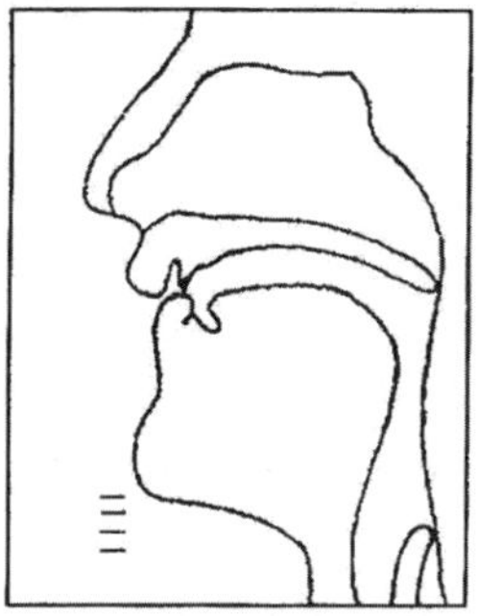

/f/, /v/

그림 11. 순치 마찰음

(1) [f] (voiceless labiodental fricative)

first	cleft
sphere	trophy
muff	sphinx
rough	laugh
photograph	enough
pharmacy	apostrophe
philanderer	catastrophe
philosopher	triumphant

① The fine fellows met at five on the first of February.
② Philip and Ferdinand fought fairly for fifty-five minutes.
③ Please feel free to correct my pronunciation faults.
④ Five fuzzy frogs frolicked through the field.
⑤ The perfume of roses filled the room.

(2) [v] (voiced labiodental fricative)

vice	devoid
virtue	evil
valve	thrive
revenge	leave
revive	heave
develop	drive
convince	shove

① We will leave for Virginia at five o'clock.
② The singer's voice proved to be well above average.
③ Vera wore a long veil which covered her whole face.
④ Vincent vowed vengeance very vehemently.
⑤ The starving man devoured the food.

(3) [f]와 [p]의 대조

fine	pine
fill	pill
fat	pat
fail	pale
fade	paid
found	pound

(4) [v]와 [b]의 대조

vale	bale
vain	bane
vat	bat
vend	bend
very	berry
vest	best

4.3.1.2 치간 마찰음(Interdental Fricatives)

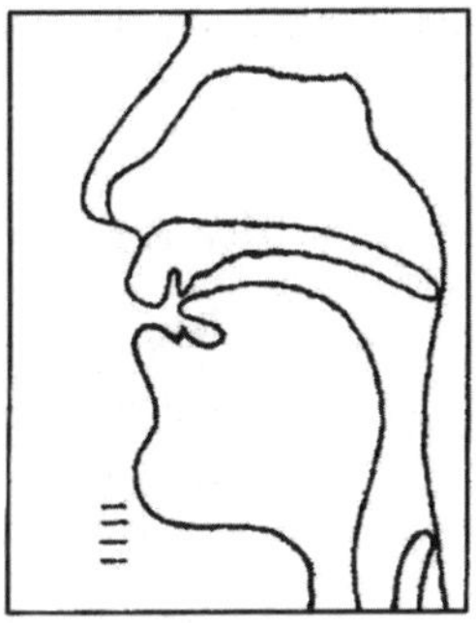

/θ/, /ð/

그림 12. 치간 마찰음

(1) [θ] (voiceless interdental fricative)

thumb	throb
thunder	thrice
path	sixth
lath	loath
anthem	author
panther	pathos
Arthur	worth
ether	lengthy
Catholic	healthy

① This thrush has three thousand, three hundred and thirty-three feathers.
② The author's enthusiasm for the theory runs through the whole thick book.
③ There is nothing healthy about a cold bath.

④ In my mouth, something from my tooth went down my throat.
⑤ They both, though, have thirty-three thick thimbles to thaw.

(2) [ð] (voiced interdental fricative)

there	thy
lathe	lather
clothe	further
leather	neither
rather	feather
bathe	scythe
soothe	whether
breathe	booth

① They ran hither and thither as though they were frightened.
② He left his father and mother and wandered abroad with his brother Arthur.
③ I would rather you didn't use leather, either.
④ Thank the other three brothers of their father's mother's brother's side.

(3) [θ]와 [t]의 대조

thin	tin
thrill	trill
myth	mitt
thick	tick
pith	pit
three	tree
sheath	sheet
heath	heat

(4) [ð]와 [d]의 대조

then	den
other	udder
thee	Dee
thence	dense
worthy	wordy
wreathe	read
their	dare
lathe	laid
though	dough

4.3.2 비평설 마찰음(Grooved Frictives) 연습

4.3.2.1 치경 마찰음(Alveolar Fricaives)

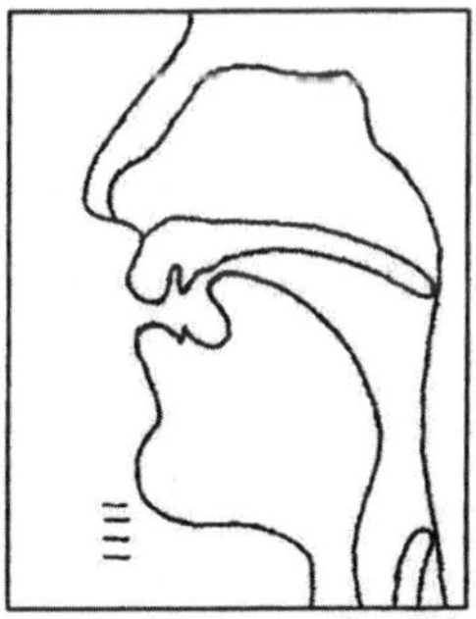

/s/, /z/

그림 13. 치경 마찰음

(1) [s] (voiceless alveolar fricative)

sword	decease
circle	practice
cease	release
cement	fancy
parcel	missile
snake	conceal
psalm	loose
psychology	goose
astir	close(near)
scythe	scent
purchaser	scheme

① The miserable swimmer sank suddenly in the swift Mississippi.
② Some sailors suffer from sea-sickness.
③ Some silly ass has sprinkled salt on my sweet.
④ The bus stops across from the gas station.

(2) [z] (voiced alveolar fricative)

misery	arouse
advise	close(verb)
zealous	use(verb)
raisin	please
dissolve	disease
crazy	bruise
azalea	husband
examine	possess
surprise	exhaust
revise	dessert

① The cause of the disaster was not easy to discover.
② She teased her little cousin unreasonably.
③ The citizens are having a crusade for better housing.
④ Those gears run the wipers when it rains.
⑤ Scissors sizzle, thistles sizzle.

(3) [s]와 [θ]의 대조

sin	thin
sick	thick
miss	myth
force	fourth
sank	thank
sump	thump
sought	thought
seem	theme
worse	worth

(4) [z]와 [ð]의 대조

baize	bathe
close(verb)	clothe
booze	booth
lies	lithe
lows	loathe
laze	lathe
breeze	breathe
rise	writhe
ties	tithe
sighs	scythe

4.3.2.2 치경경구개 마찰음(Alveopalatal Fricatives)

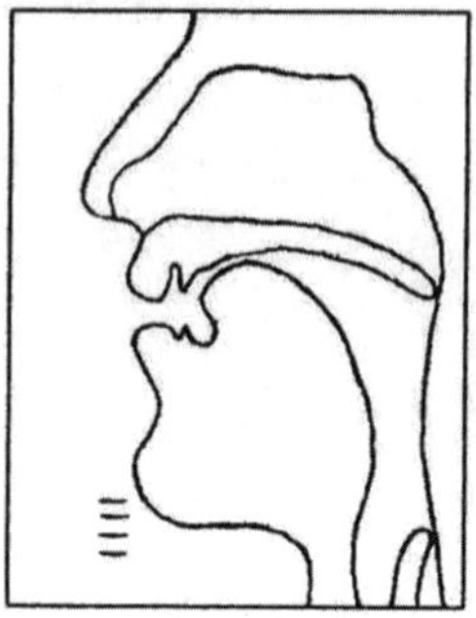

/š/, /ž/

그림 14. 치경경구개 마찰음

(1) [š] (voiceless alveopalatal fricative)

shook	marsh
champagne	chemise
pressure	ocean
session	portion
ancient	lotion
gracious	moustache
machine	insurance

① She showed me some machine-made horse-shoes.
② I wish to be shown the latest fashion in short shirts.
③ Mr. Mash sells fish and shellfish fresh from the ocean.
④ I took off my shirt to wash the fresh fish.
⑤ I brush my shoes and stay in fashion.

(2) [ž] (voiced alveopalatal fricative)

treasure	collusion
pleasure	decision
leisure	precision
azure	vision
garage	casual
usual	confusion
rouge	invasion
beige	effusion
prestige	division

① Casual clothes are provisional for leisurely trips across Asia.
② I can't measure the pleasure I have in viewing this treasure at leisure.
③ The decision was that on that occasion the collision was due to faulty vision.

4.3.3 성문 마찰음(Glottal Fricative) 연습

(1) [h] (voiceless glottal fricative)

inherit	behave
enhance	rehearse
hunt	heather
hideous	wholly
humid	adhesive
horrible	dishearten
ahoy	whoever

① The honey in the hives is heather honey, which is a wholesome honey.
② You need a hat on your head when you leave the house.
③ What boy whistled at her hair?

(2) [h]가 발음되지 않는 경우

hour	honorary
hourglass	honourable
heir	vehicle
heiress	ghost
honest	exhaust
heirloom	ghastly
honour	exhibit
exhort	dishonest

4.4 파찰음(Affricates)

파찰음은 두 개의 자음이 합쳐져서 만들어지는 한 단위의 자음이다. 구강 내에서 공기의 흐름이 막히는 파열음으로 시작하여 좁은 통로를 통해서 공기가 흘러 나가는 마찰음으로 끝나는 소리로서, 이 때 동시 조음되는 파열음과 마찰음은 거의 동일한 조음점을 갖는다. 이러한 동일한 조음점을 갖는 소리들을 **동기관음**(homorganic sounds)이라 한다. 다시 말해서, 파찰음 [ʧ]와 [ʤ]에서 첫 번째 요소 [t-]와 [d-]의 조음장소는 치경(alveolar ridge)이고 두 번째 요소 [ʃ]와 [ʒ]의 조음장소는 치경경구개(alveopalate)인데, 각각 이 두 음소가 융합하여 하나의 소리를 구성하면 치경경구개에서 동시에 소리 나게 되므로 동기관음이 되는 것이다.

영어 파찰음은 [ʧ]와 [ʤ] 두 음소뿐이며, [ʧ]는 파열음 [t]와 마찰음 [ʃ]([š]와 동일)의 결합체이고 [ʤ]는 파열음 [d]와 마찰음 [ʒ]([ž]와 동일)의 결합체로서 이 두 소리는 동시에 발음되는 한 단위의 음소라고 할 수 있다. 따라서 [ʧ]와 [ʤ]는 각각 하나의 음소로 간주되므로 음성학자들 사이에서는 무성음 [ʧ]는 [č]로, 유성음 [ʤ]는 [ǰ]로 표기하기도 한다. 이는 표기상 [ʧ]와 [ʤ]가 두 개의 자음이 연속되어 있는 것처럼 잘못 이해될 수도 있는 경우를 피하기 위함이기도 하다.

이들을 발음할 때에는 혀의 앞부분 또는 설단을 입천장의 치경경구개 부분에 닿게 하여 순간적으로 공기의 흐름을 차단했다가 즉시 혀를 조금 떼어 마찰음을 발음할 때처럼 공기의 통로를 좁게 열어준다. 마찰음과는 달리 파열이 순간적으로 일어나면서 마찰이 형성되므로 지속적으로 발음할 수는 없다. 이 두 파찰음 [ʧ]와 [ʤ]의 조음 방법은 우리말의 'ㅊ'과 'ㅈ'의 조음 방법과 비슷하나 발음하는 방법은 약간 다르다. 영어에서 [ʧ]는 무성음, [ʤ]는 유성음이지만 한국어에서는 'ㅊ'과 'ㅈ'이 모두 무성음이다. 그리고 영어 파찰음 [ʧ]와 [ʤ]를 발음할 때는 혀의 앞부분이 치경경구개 위치를 향한 상태에서 입술이 약간 앞으로 내밀어지며 모아지는 형태를 가지게 되다. 즉, 약간의 원순성이 가미되므로 입술이 양 옆으로 벌어지지는 않는다. 그러나 한국어에서는 뒤따르는 모음에 따라 입술의 모양이 다르다. 'ㅜ'가 뒤따르면 'ㅊ'과 'ㅈ'은 원순성을 띄게 되어 입술이 동그란 모양으로 소리나지만 'ㅣ'가 뒤따르면 입술이 양 옆으로 펴지게 되어 원순성이 나타나지 않는다. 따라서 한국어와 영어의 파찰음은 성대의 진동 여부도 다르고 발음의 양상도 다르므로 그 차이에 주의하여 발음해야 한다.

파찰음 연습

(1) [č] (voiceless alveopalatal affricate)

cheese	winch
church	catch
charm	orchard
chew	nature
achieve	parchment
pasture	question
snatcher	butcher
Christian	merchant
much	richest

① For lunch, Charles chose a cheap chop and some chips, with cheese and cherries afterwards.
② The charming picture of the church in Chester was much admired.
③ They chopped up the chairs with a cheap, chipped chopper.
④ If Joe chews shoes, should Joe choose the shoes he chews?
⑤ Check-up on the chicken while you're in the kitchen.

(2) [ǰ] (voiced alveopalatal affricate)

gem	rejoice
giant	injure
ridge	courage
badge	barge
jam	damage
juice	judgc
joke	cabbage
jump	village
engine	adjoin

① On his journey through the savage region the courageous German Journalist was often in danger.
② The engineer wearing the badge saw someone jumping from the bridge.
③ You did a good job squeezing the orange juice.
④ He injured his thumb on the jagged edge of a broken jar.

4.5 비음(Nasals)

비음(nasal sound)은 흔히 콧소리라고 하는 것으로서 공기의 흐름이 코를 통해 방출되면서 생성되는 소리를 말한다. 비음이 생성될 때에는 구강의 어느 지점에서인가 공기의 차단이 일어나 공기는 비강으로만 흘러 나갈 수 있게 된다. 이 때 연구개는 아래로 내려와 비강으로의 통로를 열어 준다. 다음 그림 15을 통해 비음(nasal sound)이 생성될 때와 구음(oral sound)이 생성될 때의 차이를 쉽게 알 수 있다.

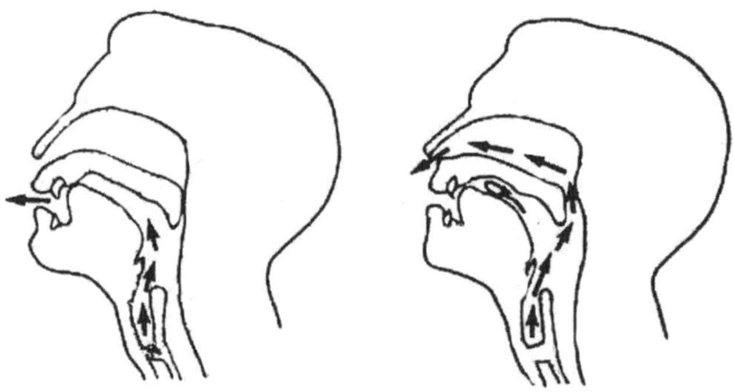

구음이 생성될 때 비음이 생성될 때

그림 15

영어의 비음은 구강 안에서 공기가 차단되는 지점에 따라 각기 다른 특징의 비음으로 나타난다. 주요한 세 가지 비음으로는 양순 비음(bilabial nasal), 치경 비음(alveolar nasal), 그리고 연구개 비음(velar nasal)이 있는데, 이것은 각각 [m, n, ŋ]으로 표기한다. 이 중 양순 비음

[m]는 두 입술이 맞닿음으로써 구강의 공기가 차단되며, 치경 비음 [n]는 설첨이 치경에 닿음으로써, 연구개 비음 [ŋ]은 혀의 뒷부분이 연구개에 닿음으로써 각각 구강의 공기 흐름이 차단된다. 이 때 허파에서 올라온 공기가 비강으로는 계속 흘러나가지만, 구강으로는 흘러 나가지 못하고 막히므로 비음도 역시 폐쇄음(stop) 또는 파열음(plosive)으로 분류된다. 따라서 비음을 **비강 폐쇄음** 또는 **비강 파열음**(nasal stop or nasal plosive)이라 부르기도 한다.

한국인들은 영어의 비음 중 특히 [n]를 발음할 때에 흔히 한국어의 'ㄴ'과 같은 방법으로 발음하는 경우가 많은데, 실제로 한국어의 'ㄴ'과 영어의 [n]는 조음점이 서로 다르다. 영어의 [n]는 설첨이 치경에 닿아서 발음되는 반면, 한국어의 'ㄴ'은 혀의 앞부분이 치경경구개 쪽에 닿아서 발음된다. 따라서 한국어의 'ㄴ'은 영어의 [n] 보다는 **치경경구개 비음**(palatal nasal)인 [ɲ]에 더 가깝다고 볼 수 있다. 그러므로 영어의 치경 비음을 발음할 때에는 각별히 조음점에 유의하여 정확하게 발음하여야 한다.

이상의 주요 세 가지 비음 [m, n, ŋ] 이외에도 영어에 나타날 수 있는 비음의 변이형들이 있다. 이 변이형들은 그 비음 주변에 위치한 다른 자음의 위치에 영향을 받아 동화되는 특성을 보인다. 이러한 비음 변이형에는 **순치 비음**(labiodental nasal) [ɱ], **치간 비음**(interdental nasal) [n̪], **경구개 비음**(palatal nasal) [ɲ] 등이 있다.

순치 비음 [ɱ]은 comfort와 같은 단어에서 찾아 볼 수 있는데, 순치 마찰음 [f] 앞에 [m]가 위치함으로써 [f]의 영향으로 [m]가 발음 될 때 두 입술로 인한 공기의 차단이 완전히 이루어지지 않는다. [m]는 두 입술을 붙여 공기를 완전히 차단해야 나올 수 있는 발음이지만 뒤따르는 순치 마찰음 [f]의 영향으로 [m]의 발음 위치가 [f]를 발음할 때의 위치로 바뀌어 소리난다. 즉, 발음의 편이를 위하여 양순음 [m]가 순치음 [ɱ]으로 변화되어 발음되는 것이다. 마찬가지로 triumph, come first, warm vest 등의 단어나 구절에서도 [m]이 순치음 [f]나 [v] 앞에서 순치 비음 [ɱ]으로 발음됨을 볼 수 있다.

또한, 치간 비음 [n̪]는 단어 tenth나 and then 과 같은 구문에서 흔히 나타나는데, 치간음 [θ] 또는 [ð] 앞에 [n]가 위치했을 때 발음의 편이를 도모하고자 치경음인 [n]는 뒤따르는 치간음 [θ] 또는 [ð]의 영향을 받아 [n]가 결국 치간 위치에서 소리가 나게 되는 것이다. 이 때 치경 비음 [n]는 치간 비음 [n̪]로 변화하여 발음된다.

한편, inch나 sponge 등에서와 같이 치경 비음이 [ʃ, ʒ, ʧ, ʤ]와 같은 치경경구개음 앞에 위치할 때 그 치경 비음은 뒤따르는 치경경구개음에 동화되어 동기관음인 치경경구개 비음 [ɲ]로 변화되어 발음되기도 한다.

이와 같은 비음의 변이형들은 모두 비음과 인접해 있는 소리의 조음 위치에 동화되어 나타나는 소리들이며 이것이 결과적으로 발음의 편이성(ease of articulation)을 가져다준다. 다시 말해서, 말하는 화자가 발음하기 편한 방향으로 소리들이 변화한다고 할 수 있는데 그 변화가 인접한 소리의 특징에 닮아간다는 것이며, 이를 동화(assimilation)라고 한다.

한편, 비음들은 비록 구강으로의 통로는 막히지만 비강에서의 소리의 울림이 비교적 크므로 공명음(sosorant)으로 간주되며 성절 자음(syllabic consonant)으로서 음절 구조의 핵이 될 수 있다. 이제 주요 비음을 발음할 때의 발성기관의 모양을 잘 보고 조음점에 따른 비음들을 연습해 보자.

4.5.1 비음 연습

4.5.1.1 양순 비음(Bilabial Nasal)

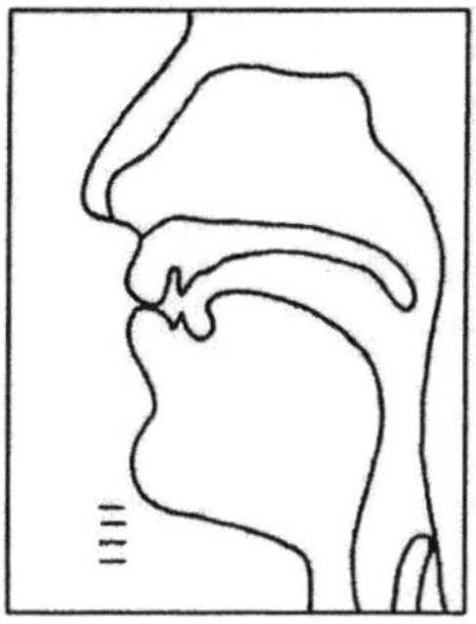

/m/

그림 16. 양순 비음

[m] (voiced bilabial nasal)

immortal	chasm
immune	glum
some	smooth
emperor	asthma
groom	asthmatic

① The murmurs of the bees in the elms brings back memories of many memorable summers.

② There are many monks in the monasteries in Rome.

③ Some men may make many mistakes in mathematics.

4.5.1.2 치경 비음(Alveolar Nasal)

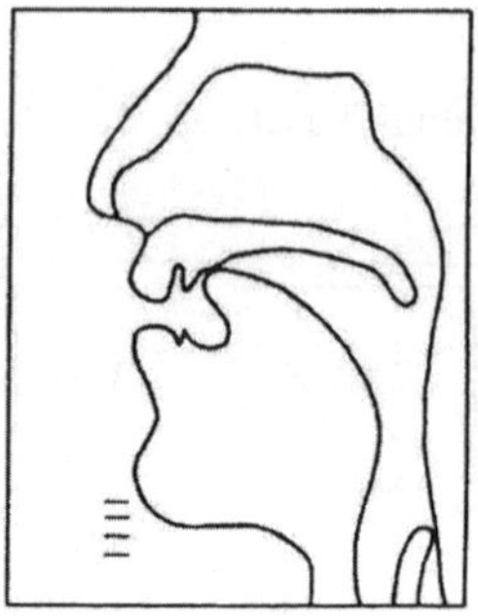

/n/

그림 17. 치경 비음

[n] (voiced alveolar nasal)

kneel	snort
knit	snuff
gnat	dozen
gnome	sudden
button	cotton
certain	snip

① There's no news of Annie, but when we have any, we'll send you a line.

② The rain in Spain falls mainly in the plains.

③ He remained neutral in the argument between his two friends.

④ Nine nice night nurses nursing nicely.

4.5.1.3 연구개 비음(Velar Nasal)

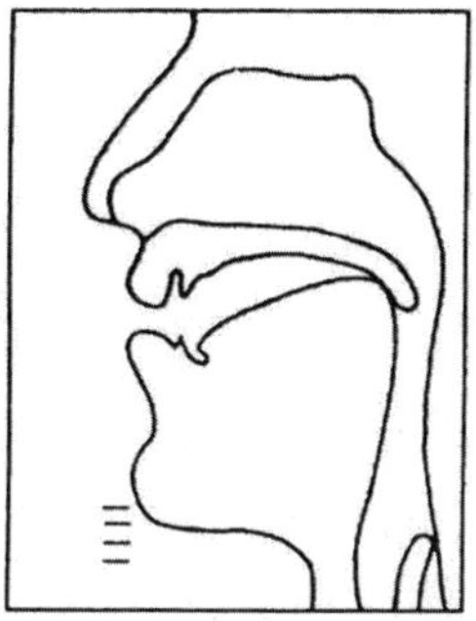

/ ŋ /

그림 18. 연구개 비음

[ŋ] (voiced velar nasal)

sing	banker
ankle	stinker
wrangle	tongue
young	tangle
rink	wrinkle
hunk	banquet

① The monks among the congregation were singing both nosily and piously.
② I felt anger when my ankle got tangled in the line.
③ The youngest man was strongest and lasted longest.

4.6 유음(Liquids)

영어의 유음(liquids)에는 권설음(retroflex) [r]와 설측음(lateral) [l]이 있는데, 이 유음들을 발음할 때는 혀가 구강 내 어느 위치엔가 닿는 부분이 극히 적어 공기의 흐름이 비교적 자유로우며, 따라서 자음 중에서는 공명성이 비교적 큰 소리라고 할 수 있다.

권설음 [r]는 경구개 쪽으로 설단을 말아 올리면서 경구개에 닿지 않도록 하며 혀의 양 옆은 위 어금니 안쪽 측면에 닿도록 하여 소리 낸다. 이 때 치경은 혀의 뒷면과 마주 보게 된다. 권설음은 red, rich 등의 단어처럼 음절 초에서 뚜렷하게 나타나며 matter[mæ.tər], butter[bʌ.tər], earnest[ʌr.nɪst]와 같이 음절 말에 위치했을 때에는 선행 모음과 결합하여 [ɚ] 또는 [ɝ]로 발음되는 경우가 대부분이다. 특별한 조음 방법 때문에 학자에 따라서는 권설음의 조음점이 경구개로 분류되기도 하고 치경으로 분류되기도 하나 본서에서는 치경으로 분류하기로 하겠다.

권설음 [r]는 한국어의 'ㄹ'과 유사하게 여겨질 수 있으나 실제로 큰 차이가 있다. 한국어 'ㄹ'은 혀의 앞부분이 치경이 아닌 입천장의 (치경)경구개에 닿아서 발음되므로 영어 [r]와는 발음의 양상이 다르다. 따라서 한국어의 'ㄹ'로 잘못 발음하지 않도록 혀가 입천장에 닿지 않게 세심한 주의를 기울여서 발음하여야 한다.

설측음 [l]은 설첨이 치경에 닿고 혀의 양 옆은 어디에도 닿지 않아 공기가 그 곳을 통해 구강 밖으로 흘러 나가면서 발음된다. 또한 설측음은 단어나 음절에서 나타나는 위치에 따라 그 음가의 변이가 생기는데, 그것이 곧 밝은 'l'(light-l 또는 clear-l : [l])과 어두운 'l'(dark-l 또는 velarized-l : [ɫ])이다. 단어 leap[lip]이나 lap[læp] 등에서 발음되는 [l]은 청각적으로 밝은 느낌을 주는 밝은 'l'이며, pull[p^huɫ]이나 golf[gαɫf] 등에서 발음되는 [l]은 어두운 느낌을 주는 어두운 'l'이다. 이러한 청각적 차이는 실제 조음상의 차이에서 비롯되는 것으로서, 그림 20에서 확인할 수 있듯이 어두운 'l'이 어두운 느낌을 주는 이유는 밝은 'l'이 발음될 때 보다 혀의 뒷부분이 연구개를 향해 다소 올라간 상태로 발음되기 때문이다. 이러한 차이를 보이기 위하여 밝은 'l'은 [l]로, 어두운 'l'은 [ɫ]로 표기한다. 대개 'l'이 후설모음 앞에 오거나, 음절의 마지막 소리로 나오거나, 'l' 뒤에 다른 자음이 뒤따라올 때 어두운 'l'로 발음되며, 그 이외의 위치에서는 모두 밝은 'l'로 발음된다.

그런데 한국인들은 일반적으로 영어의 [r]보다는 [l]이 한국어의 'ㄹ'과 더 유사하다고 생각하는 경향이 있는 듯하다. 그것은 영어 [l]과 한국어 'ㄹ'이 모두 설첨이 입천장에 닿아서 발음되기 때문일 것이다. 그러나 면밀히 살펴보면 이 두 언어에서의 설측음은 발음하는 위치가 다르다. 즉, 영어 [l]은 조음 위치가 치경이지만 한국어의 'ㄹ'은 치경보다 경구개에 더 가까운 위치에서 발음되는 차이가 있다. 그러므로 영어의 [l]과 한국어의 'ㄹ'을 동일하게 발음하지 않도록 해야 하며, 나아가서 밝은 'l'과 어두운 'l'을 잘 구분하여 적절하게 발음할 수 있도록 많은 연습을 해야 한다. 또한 종종 [l]이 발음되지 않는 단어들도 있으므로 유의해서 발음하도록 해야 할 것이다.

4.6.1 유음 연습

4.6.1.1 권설음(Alveolar Retroflex)

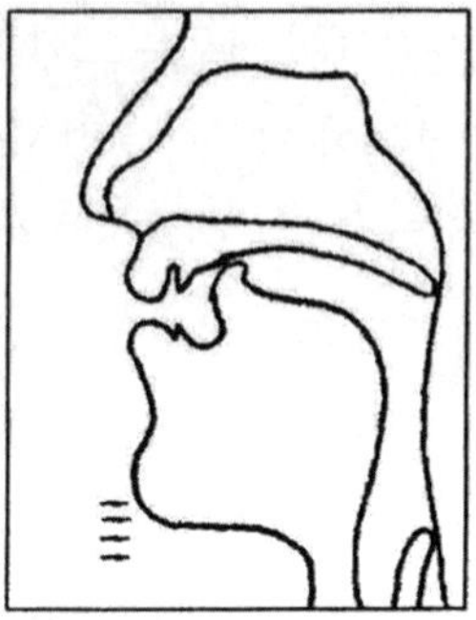

/r/

그림 19. 권설음

[r] (voiced alveolar retroflex)

road	through
crawl	hurry
prank	crime
wren	throb
wretch	borrow
ready	embrace
proof	terrorist
press	carriage
sprawl	derive

① Those red roses are really very pretty.

② The railway bridge across the river is over a hundred feet high.

③ She wore a dress made of a rough, rusty-red material.

④ The waitress brought the photographer his regular order.
⑤ I'm not carrying that red refrigerator while it's raining.

4.6.1.2 설측음(Alveolar Lateral)

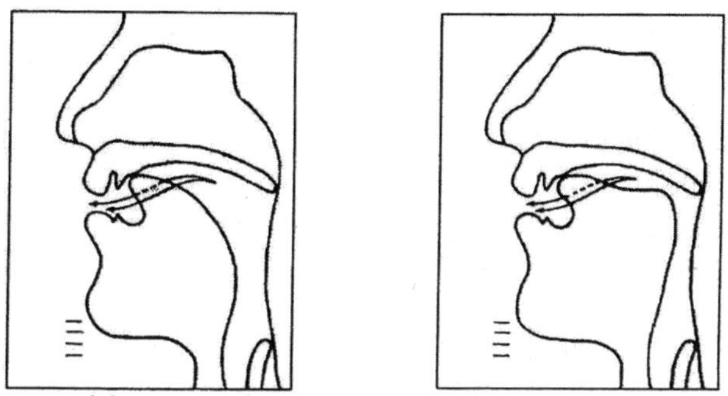

/l/ (light) 밝은 'l'의 혀의 위치

/ɫ/ (dark) 어두운 'l'의 혀의 위치

그림 20

(1) [l] (voiced alveolar lateral): light-l

leave	plot
lift	place
log	blood
lark	glint
flame	blame
alone	alien
chilly	allow
clever	glitter
plump	failure
clean	million

(2) [ɫ] (voiced alveolar lateral): dark-l

built	field
fold	yield
bulk	thrill
milk	oil
silk	full
gold	stole
almost	ball
although	grill
also	wool
healthy	school

① A little pill may well cure a great ill.
② He lost his life in the struggle for liberty.
③ The foolish fellow left his wallet lying on the table, where all could see it.
④ The hospital files list all my illnesses.
⑤ Drink cold milk for your ailment, and you'll feel better.
⑥ When the fog lifts, we shall try again.
⑦ We piled the boxes on the table.

(3) [l]이 발음되지 않는 경우

half	palm
halve	psalm
calf	qualm
calves	salmon
alms	folk
calm	yolk

almoner	colonel
behalf	could
talk	should
chalk	would
walk	salve

발음되지 않는 설측음 [l]은 단어의 철자에 'l'이 존재하므로 무심코 [l]을 발음하게 되므로 각별히 주의를 기울여서 발음해야 한다. 그런데 이러한 소리의 생략을 보이는 예들은 환경적인 공통적 특성을 갖는다. 즉, 일반적으로 자음 'l'이 발음상 생략되는 특성을 보일 때에는 대체로 'l'이 모음 뒤에 나타나는 패턴을 보인다는 것이다. 그리고 이 때 'l' 앞의 모음은 발음에서 생략되는 [l]을 대신해서 약간 길게 발음되는 경향을 띈다. 예를 들어, calf, qualm, salve 등은 각각 [ka:f], [kwa:m], [sa:v]와 같이 자음 [l]이 발음되지 않으면서 동시에 그 앞에 위치한 모음의 길이가 길어지는 현상을 보여 준다. 그러나 조동사의 과거형인 could, should, would와 같은 단어들에서는 'l'의 발음이 생략되어도 그 앞의 모음은 [ʊ]로써 장음화가 일어나지 않는데, 이런 예외적 특성을 보이는 단어들도 역시 발음에 주의를 기울여야 하겠다.

4.7 설탄음(Flap)

영어에서 치경 파열음 [t, d]는 설첨이 치경에 닿아 공기를 차단함으로써 발음된다. 그런데 설첨이 치경에 닿을 때 혀의 근육의 긴장이 덜한 상태로 닿았다가 다시 재빨리 원위치로 되돌아오면서 생성되는 소리가 있는데, 이것이 설탄음(flap 또는 tap)이다. 설탄음은 치경에서 생성되며 음성 기호로는 [ɾ]로 나타낸다. 이 소리는 혀가 입천장을 살짝 한 번 치고 빠른 동작으로 다시 튕겨 내려오는 움직임을 보인다. 이 때 혀의 움직임은 공기의 흐름을 충분히 차단할 수 없을 정도로 민첩하다. 얼핏 듣기에 자음 [r]와 비슷하게 들리기도 하나 분명히 [r]와는 그 조음이 다르다. 권설음 [r]는 혀를 말아 올리되 치경에 닿지 않게 발음하는 반면 설탄음 [ɾ]는 혀가 [t]와 [d]의 조음 위치인 치경에 닿았다가 바로 떨어지며 발음되기 때문에 설탄음을 [r]와 똑같이 발음하지 않도록 주의해야한다.

이 설탄음은 일반적으로 강세 있는 모음과 강세 없는 모음 사이에 놓인 [t, d]를 대체하여 발음하는 것이 보통이다. 예를 들어, latter와 ladder는 각각 [lǽtər]와 [lǽdər]로 발음되나 이를 빠른 속도로 발음하면 두 단어 모두 [lǽɾər]로 발음된다. 이 때 [t]와 [d] 대신에 나타나는 소리가 바로 설탄음이다. 이와 같이 설탄음은 모음과 모음 사이에 위치한 치경 파열음 [t, d]를 대신해서 나타나므로 latter-ladder와 같이 [t]와 [d]를 제외한 나머지 음소구성이 같은 단어 쌍들은 실제로 설탄음으로 발음했을 경우 모두 동일하게 소리 나는 현상을 보인다. 따라서 철자를 보지 않고 청각적으로 들어보면 단어의 구별을 하기가 어려우므로 각 단어의 의미적 구별은 문맥을 통해서 이루어진다. 이외에도, writer-rider, betting-bedding, metal-medal, kitty-kiddy, putting-pudding 등의 단어 쌍에서도 같은 현상을 볼 수 있다. [t]와 [d] 음소만이 다르고 나머지 음소들이 같은 발음을 가진 쌍들은 모두 각각 [raɪɾɚ], [bɛɾɪŋ], [mɛɾəl], [kɪɾɪ], [pʊɾɪŋ]과 같이 동일한 발음을 갖는다.

이 때 [ɾ]는 [t]와 [d]를 대신하여 나타나는 변이형이라고 할 수 있으며 무성음 [t]와 유성음 [d]의 차이가 사라지고 하나의 동일한 유성음인 설탄음으로 융합되었다하여 이를 중화(neutralization) 현상이라고도 한다. 이것은 특정한 환경에서 소리의 특징을 구별 짓지 못하고 원래의 음성이 아닌 변이형의 음성으로 통일되었다는 것을 뜻한다. 이러한 현상은 대체로 미국식 발음에서 흔히 나타나는데, 중화현상에 의하여 두 소리의 구분이 없어져도 문장이나 문맥의 의미에 따라 무성음 [t]와 유성음 [d]로 구분하여 이해할 수 있으므로 미국식 발음에서는 무리 없이 자주 사용된다.

다음 그림 21를 통해 설탄음이 발음될 때의 모양을 보고 [t, d]가 포함된 단어들의 설탄음을 연습해 보자

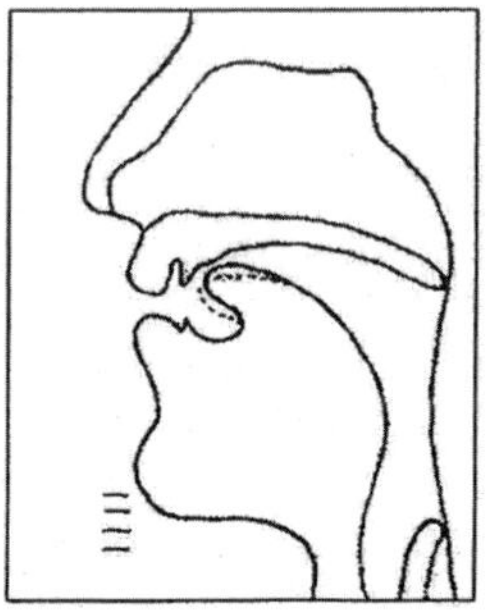

[ɾ]

그림 21. 설탄음

설탄음 연습

[ɾ] (voiced alveolar flap)

bottom	Adam
little	audible
fatal	ladder
total	medal
matter	rider
attitude	seeding
writer	saddle
water	automatic
pottage	notable

위의 단어들에서 단어 중간에 위치한 [t] 또는 [d]는 모두 설탄음으로 발음된다. 이 때 강세는 모두 첫 번째 음절, 즉, 치경 파열음인 [t] 또는 [d]의 바로 앞 위치에 있는 모음에 주어지며 치경 파열음 뒤에는 강세가 주어지지 않는 특징을 보인다. 단, 3음절을 가진 attitude와 4음절을 가진 automatic과 같이 3음절 이상의 단어에서는 두 번의 강세(제 1강세와 제 2강세)가 주어질 수 있으므로 주의를 기울여야 한다. 즉, 이들 단어에서 모음과 모음사이에 위치한 치경 파열음(V+[t, d]+V)이 두 번 나타나므로 설탄음도 두 번 나타날 것으로 예상할 수 있으나 결과는 그렇지 않다. 단어 attitude는 [ǽ.tɪ.tjùd]로, automatic은 [ɔ̀ː.tə.mǽ.tɪk]으로 각각 두 번의 강세를 가지는데 [t]나 [d]를 중심으로 그 앞 음절에 강세가 주어지고 그 뒤 음절에는 강세가 주어지지 않는 환경이어야 설탄음이 형성되므로 automatic은 [t]가 있는 두 위치에서 모두 [ɔ̀ː.ɾə.mǽ.ɾɪk]과 같이 설탄음으로 발음된다. 그러나 attitude의 경우는 첫 번

째 [t]만이 설탄음이 될 수 있는 환경이 되고 두 번째 [t]는 강세를 가진 음절의 두음이므로 설탄음이 되지 못한다. 따라서 [æ.ɾɪ.tjùd]와 같이 설탄음이 첫 번째 [t]를 대신해 한 번만 나타나게 된다.

이와 같이 단어에서 설탄음이 주어지는 경우는 치경 파열음을 중심으로 강세가 어디에 주어지느냐에 따라서 달라질 수 있으므로 강세 패턴을 익히는 것도 매우 중요하다 하겠다.[3]

더욱 주의해야 할 점은 강세 패턴에 따른 설탄음 생성이 다음 <표 6>과 같이 접미사가 어간에 첨가됨에 따라 달라질 수 있다는 것이다. 이것은 접사 첨가에 의해 강세패턴과 음절구조가 달라지기 때문이다. [t]가 치경 파열음 그대로 발음되는 경우는 <표 6>에서 볼 수 있는 바와 같이 그 [t]가 강세를 가진 음절의 첫 소리로 나왔을 때이다. 다시 말해서, 접사 첨가로 인해 강세가 옮겨가게 되어 [t] 바로 뒤의 모음에 강세가 주어졌을 때는 그 [t]가 설탄음으로 발음되지 않는다.

〈표 6〉 설탄음과 치경 파열음

설탄음	치경 파열음
/t/ → [ɾ]	/t/ → [t]
átom	atóm*ic*
tótally	totál*ity*
mórtal	mortál*ity*
phótogràph	photógraph*y*

한편, party, nationality 등의 단어에서는 설탄음이 약간 다른 환경에

3) 음절에 대한 자세한 내용은 5장에서 언급하고 있으며 강세에 관한 내용은 7장을 참고하기 바란다.

서 적용된다. 이 단어들은 각각 [pártɪ], [næʃənǽlətɪ]로 발음되며 이 때 [t]는 설탄음이 될 수 있는 환경에 놓여 있지 않은 것으로 보인다. 그러나 [t]가 유음 [r]의 뒤에 위치한 party[pártɪ]에서 [t]는 실제로 설탄음으로 발음된다. 그 이유는 [pártɪ]에서 [-ár-]는 모음 [a]와 자음 [r]의 연속체가 아니라 /r/의 음색을 띈 하나의 모음(r-coloring, rhotic vowel)으로 볼 수 있기 때문이다. 따라서 실제 발음은 [páɚtɪ]로서 [áɚ]가 강세 있는 이중모음으로 취급될 수 있으며 이 때 [t]는 [páɚɾɪ]와 같이 설탄음으로 발음될 수 있다. 또한 nationality[næʃənǽlətɪ]에서는 접미사 -ity[ətɪ]에 강세가 없는데도 [t]는 설탄음으로 발음될 수 있다. [t]가 어말의 접미사에서 비강세 모음 사이에 있어도 [næʃənǽləɾɪ]와 같이 설탄음으로 발음할 수 있는 예외도 있음을 알아두어야 하겠다.

지금까지 단어에서의 설탄음 현상을 살펴보았는데 단어가 아닌 구절의 경우 단어의 경계를 넘어서 나타나는 설탄음의 양상은 단어내에서의 경우와 다르다고 할 수 있다. 실제로 put úp, at áll, béat it 등의 구절에서 [t]는 모두 첫 번째 단어의 마지막에 위치해 있지만 연음으로 발음했을 때는 전후의 모음 사이에 있게 된다. 이 때 강세는 치경 파열음인 [t] 뒤에 있기도 하고 앞에 있기도 하다. 그러나 강세 부여 위치와 상관없이 put, at, beat의 마지막에 있는 [t]는 뒤따르는 모음이 있을 때 모두 설탄음으로 실현된다. 결국 단어에 적용되는 강세부여에 따른 설탄음의 환경적 규칙성이 구절에는 적용되지 않는다는 것을 알 수 있다.[4]

4) Yavaş(2016)는 이러한 구절에서 보이는 설탄음 현상의 환경적 제약은 비강세 음절의 말음에 치경 파열음이 있을 때라고 제안했으나 구절 béat it에서 beat의 [t]가 강세 음절의 말음이지만 실제로 [bíɾɪt]와 같이 설탄음으로 발음되는 것을 볼 때 구절에 적용되는 설탄음은 규칙화하기 어려운 예라 할 수 있다.

4.8 영어와 국어의 자음 비교

음성, 음운 체계는 언어마다 다소 차이를 보이는데, 특히 영어와 국어의 자음은 다음 표에서 볼 수 있듯이 그 차이가 두드러진다. 우선, 영어는 성대의 진동 여부에 따라 분류되는 유성음과 무성음의 구분이 분명하나 국어는 그것의 구분이 뚜렷이 나타나지 않는다. 즉, 국어의 음소체계에서는 비음 'ㅁ, ㄴ, ㅇ', 유음 'ㄹ'을 제외한 모든 자음이 무성음이다. 물론 때에 따라서 유성음인 모음 사이에 자음이 끼어 있을 때, 예를 들어, '아가'에서처럼 'ㄱ'이 'ㅏ'와 'ㅏ'사이에 있을 때, [k]에서 [g]로 유성음화되어 발음되기도 하지만, 기본 음소의 특성으로 보면 무성음으로 간주된다. 따라서 종종 한국인이 영어의 유성 저해음을 발음할 때 성대를 울리지 않고 발음하는 경우가 있는데, 각별히 유의하여 성대를 충분히 울리면서 발음하는 연습을 해야 한다. 또한 영어의 [t, d, s, z, n, l]은 치경음이나, 국어의 'ㄷ, ㅌ, ㅅ, ㅈ, ㄴ, ㄹ'은 치경경구개음으로 발음되는 경우가 대부분이므로 그 차이를 인식하여 영어를 발음할 때 한국어의 간섭 현상이 일어나지 않도록 조심해야 한다. 그 밖에도 영어의 치음 /f, v, θ, ð/는 국어에는 없는 음소이다. 이것은 입술과 이를 이용한 소리로서 한국인들에게는 특히 따라하기 어려운 발음이므로 주의해야 한다. 영어와 국어의 자음 체계의 차이는 <표 7>에서 간단히 확인할 수 있다.

〈표 7〉 영·한 자음 체계의 비교

조음장소		양순음 Bilabial		순치음 Labiodental		치음 Dental		치경음 Alveolar		치경경구개음 Alveopalatal		연구개음 Velar		성문음 Glottal	
유·무성 조음방법		무	유	무	유	무	유	무	유	무	유	무	유	무	유
파열음 Plosive	영	p	b					t	d			k	g	ʔ	
	한	ㅂ ㅍ ㅃ								ㄷ ㅌ ㄸ		ㄱ ㅋ ㄲ			
마찰음 Fricative	영			f	v	θ	ð	s	z	š	ž			h	
	한									ㅅ ㅆ				ㅎ	
파찰음 Affricate	영									č	ǰ				
	한									ㅊ ㅈ					
유음 Liguid	영								l, r						
	한										ㄹ				
전이음 Glide	영														
	한														
비음 Nasal	영		m						n				ŋ		
	한		ㅁ								ㄴ		ㅇ		

연습문제

1. 자음 분류 기준을 설명하고 그 기준에 따라 자음의 조음표를 그려 보세요.

2. 저해음(obstruent)과 공명음(sonorant)의 차이를 설명하고 각각 해당하는 소리들을 예로 제시하세요.

3. 무성폐쇄음(voiceless stop)이 갖는 세 가지의 대표적인 이음인 대기음, 비대기음, 불파음의 특징에 대해서 설명하세요. 그리고 다음 문장에서 대기음, 비대기음, 불파음으로 발음되는 부분을 각각 표시하고 해당하는 음성기호를 쓰세요.

   (1) The airplane captain wore a cap and smoked a pipe.
   (2) Stop, put down the hubcap, and jump rope.
   (3) He had his pocket picked in the crowd.
   (4) This clock strikes the hours and the quarters.

4. 비음 [m, n, ŋ]을 제외한 비음의 변이형에는 어떤 소리들이 있는지 설명하세요.

5. 밝은 'l'과 어두운 'l'의 차이에 대해서 설명하고 다음의 표현에서 밝은 'l'과 어두운 'l'이 발음되는 부분을 구분하여 표시하세요.

   (1) The foolish fellow left his wallet lying on the table.
   (2) His pose of humility was a black lie.
   (3) The girl would want to be a natural philosopher.

6. 설탄음(flap)이 무엇인지 예를 들어 설명하고 다음의 표현에서 설탄음으로 발음되는 부분을 표시하세요.

(1) electricity
(2) He got a gold medal.
(3) I ate a piece of bread and butter as my breakfast.

7. 다음 구문의 발음을 가능한 한 자세히 음성 기호로 표시하세요.

(1) concluded
(2) to talk of many things
(3) An angel appeared to me.
(4) The files list all my illnesses.

8. 다음 자음들을 기술하세요.

(1) [p]
(2) [v]
(3) [k]
(4) [ž]
(5) [ŋ]
(6) [r]
(7) [ʔ]
(8) [θ]
(9) [ɾ]
(10) [č]

5

음절

5.1 음절 구조(Syllable Structure)

음절은 한 단어나 형태소가 발음될 때 말소리를 구성하는 기본 단위를 말한다. 음절은 자음이나 모음으로 표시되는 음소들로 구성되어 있고 이것이 단어나 형태소를 형성한다. 즉, 음절은 음소(phoneme) 보다는 크고 단어나 형태소보다는 작은 발음의 단위이다. 여기에서 음소란 발음할 수 있는 소리의 최소 단위를 말하는데, 음절이나 단어는 이 음소들의 연속체로 이루어져 있다. 예를 들어, 단어 interest는 발음 [ɪntərɛst]에서 가장 작은 소리의 단위인 음소 8개를 가지고 있고 음절은 [.ɪn.tə.rɛst.]로서 세 음절로 구성되어 있다. 따라서 interest는 8개의 음소와 3개의 음절로 구성된 하나의 단어인 것이다. 한 단어는 하나의 음절로 구성될 수도 있고 그 이상의 여러 음절로 구성될 수도 있다. 단어 내에 있는 모음을 기준으로 음절을 구분하므로 모음의 수가 곧 음절의 수라고도 할 수 있겠다.

한편, 음절을 형성하는 요소로는 음절의 중심을 이루는 핵음(nucleus)과 핵음 앞자리에 위치하는 두음(onset), 그리고 핵음 뒷자리에 위치하는 말음(coda)이 있다. 두음과 말음은 주로 자음에 해당하며 음절을 형성할 때 나타날 수도 있고 나타나지 않을 수도 있다. 반면에 핵음은 모음에 해당하며 음절을 형성하기 위해서 반드시 존재해야 해야 하는 요소다.

형태소(morpheme)란?

말소리를 의미 있는 단위로 구분하여 지칭할 때 이것을 형태소(morpheme)라고 한다. 한 단어는 하나의 의미 구성소를 가지기도 하지만 두 개 이상을 가질 수도 있다. 예를 들어, 단어 'mean'은 의미 구성소가 하나이지만, 'unmeaningful'은 의미 구성소가 네 개다. 즉, 부정의 의미를 가진 'un-', 어근의 기본 의미인 'mean', 분사형 '-ing', 그리고 형용사의 품사를 의미하는 '-ful' 등으로 의미가 세분화될 수 있으므로 'unmeaningful'은 네 개의 형태소를 가졌다고 말한다. 그런데 형태소의 구분은 이와 같이 주어진 분절음에서 쉽게 나눌 수 있는 형태가 있는가 하면 불규칙 변화를 보이는 동사 went나, 복수명사 sheep과 같이 분절음으로 나누기 애매한 것도 있다. 그러나 went는 동사 go라는 기본 의미와 과거의 의미가 포함되어 있으므로 두 개의 형태소를 가지고 있다고 할 수 있다. 또한 복수명사 sheep도 분절음 형태상으로는 단수와 복수의 변화가 없으나 복수형은 sheep의 기본 의미에 복수의 의미가 더해진 것이므로 went와 마찬가지로 두 개의 형태소를 갖는다.

음절의 기본 구조는 (1)과 같이 나타낼 수 있으며, 단어 set, shrimp, tree, ant의 음절 구조를 (1)에 따라 나타내면 (2)와 같이 구성된다.

(1) 음절 구조(syllable structure)

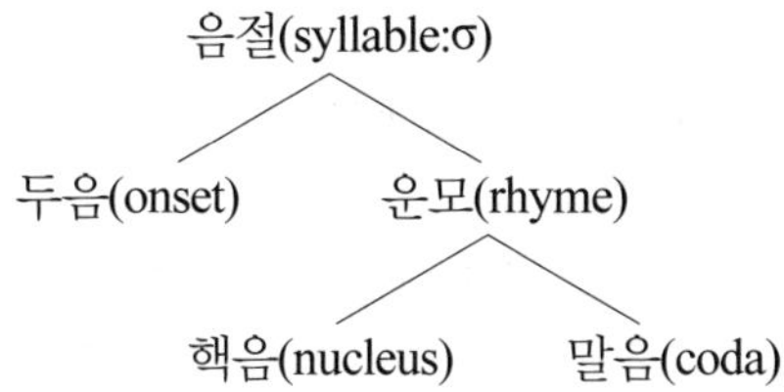

(2) a. set[sɛt]

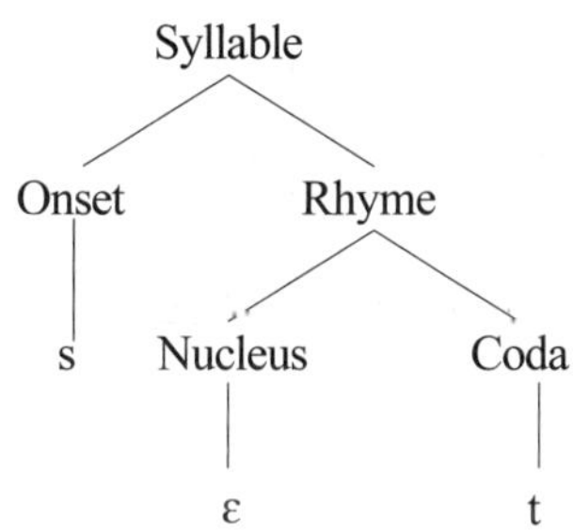

b. shrimp[šrɪmp]

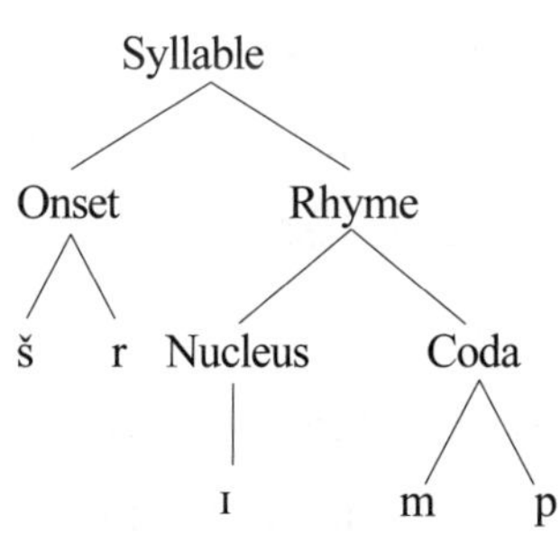

c. tree[tri]

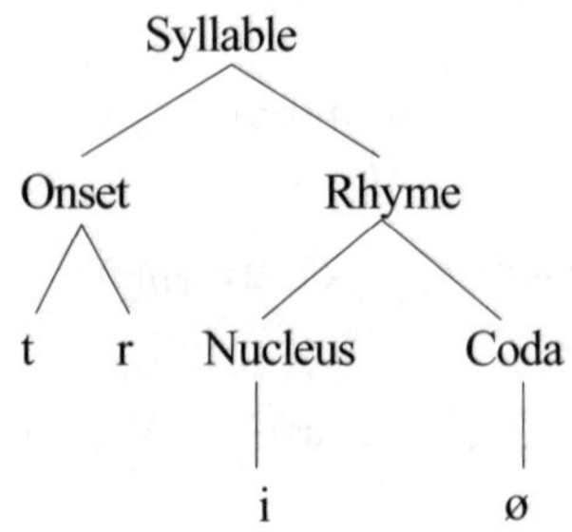

d. ant[ænt]

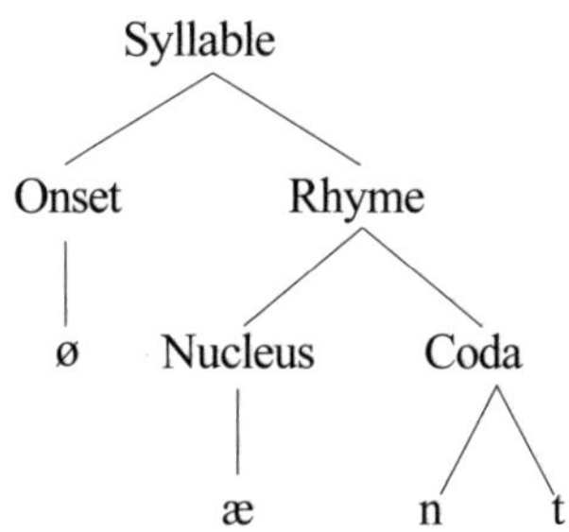

단어 set, shrimp, tree, ant는 모두 단음절어이다. set는 두음과 말음이 각각 하나의 음소를 가졌고, shrimp는 두음과 말음이 모두 각각 두 개의 음소를 가졌으며, tree는 두음에 두 개의 음소가 있는 반면 말음에 속한 음소는 없고, ant는 두음에 속한 음소는 없으며 말음에 두 개의 음소가 속해 있다.

모든 음절은 (1)의 음절 구조를 기본적으로 가진다. 이 구조에서 공명성이 높은 모음과 성절 자음[m̩, n̩, l̩, r̩]은 음절에서 반드시 필요한 핵음(nucleus)을 이루고 두음(onset)과 말음(coda)은 자음으로 구성되며 음절에서 반드시 필요한 요소는 아니다. 예를 들어, 단어 interest를 음절 경계로 구분한 [.ɪn.tə.rɛst.]에서 각 음절은 핵음 [ɪ], [ə], [ɛ]를 중심으로 두음이나 말음을 선택적으로 지니고 있음을 볼 수 있다.

(3) interest[ɪn.tə.rɛst]

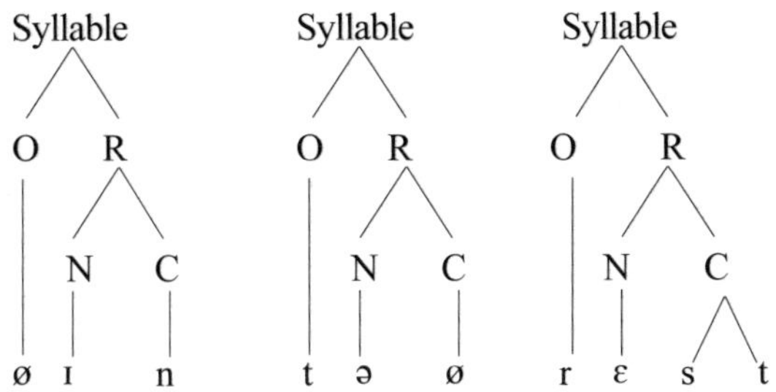

또한 자음이면서 비교적 높은 공명성을 가지고 음절의 핵을 이룰 수 있는 성절자음도 (4)와 같은 음절구조를 보일 수 있다.

(4) button[bʌtn̩]

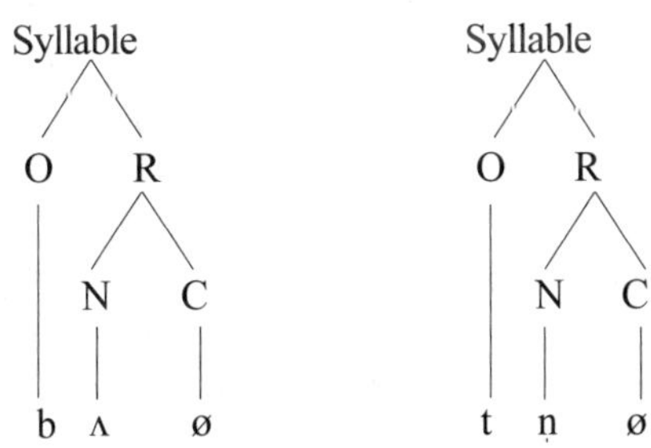

한편, 음절의 핵음이 이중모음일 때는 두 음가를 가진 모음이므로 음절구조에서 하나의 핵음(nucleus) 속에 두 음이 분지된 것으로 취급할 수 있다. 즉, 이중 모음은 한 단위의 모음이면서 동시에 음가가 둘이라는 것을 핵음 내에서의 분지(branching)로 표시함으로써 음가의

변화가 없는 단순모음과는 핵음의 구조가 다름을 보여 줄 수 있다. 이것은 이중모음과 단순모음의 음의 길이의 차이가 있음을 음절구조에서 나타내 줄 수 있다는 것을 말해 준다.[5]

(5) bite[baɪt]

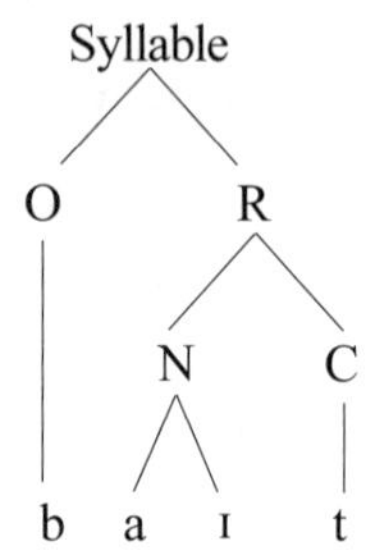

영어음절에서는 대체로 핵음을 제외하고는 말음보다 두음에 중점을 둔다. 언어 보편적으로 대부분의 언어가 음절 첫소리가 자음으로 시작하는 것을 선호함에 따라 두음(onset)을 우선시하여 음절을 분리(syllabification)한다. 그러나 말음도 음절을 끝맺는 소리로서 음절의 또 다른 특징을 구분해 준다. 말음(coda)이 나타나는지 그렇지 않은지

5) 음절구조에서 두음과 말음의 음소가 둘 이상 나타나거나 핵음으로 이중모음이나 장모음이 나타날 때 단일음소보다 음의 발음 시간이 길다고 할 수 있는데 이런 현상을 음절 내에 골격층(skeletal tier)을 추가하여 소리의 음가(sound value)를 각각 timing slot(x)으로 표시함으로써 발음의 시간적 차이를 나타내주기도 한다.

'tree'

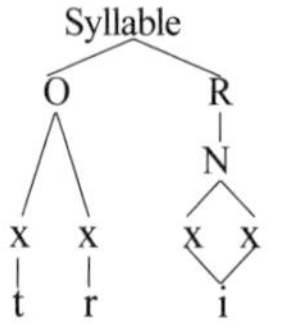

'kite'

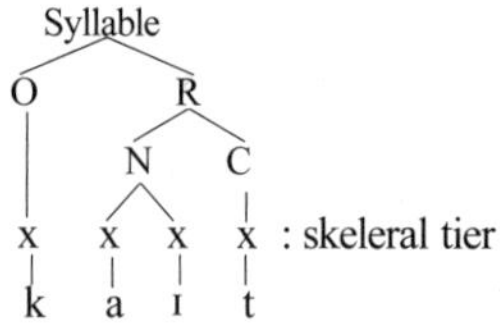

에 따라 구분하는 **개방음절**(open syllable)과 **폐쇄음절**(closed syllable)이 그것이다. 즉, 한 음절이 말음이 없이 모음으로 끝나면 개방음절이라 하고, 말음인 자음으로 끝나면 폐쇄음절이라 한다. 예를 들어, 단음절 단어 가운데 bee, through, hour 등과 같이 발음상 모음으로 끝나는 음절은 개방음절에 속하며, up, hut, treat 등과 같이 자음으로 끝나는 음절은 폐쇄음절에 속한다. 개방음절은 음절의 마지막이 모음으로 끝나므로 소리의 공명이 높아 소리가 비교적 멀리 퍼지는 특성을 가지며, 폐쇄음절은 음절의 마지막이 자음으로 끝나므로 공명이 낮아 개방음절에 비해 상대적으로 소리가 멀리 퍼지지 않는 특성을 보인다.

5.2 음절무게(Syllable Weight)

음절무게(syllable weight)는 음절 내의 운모(rhyme)가 단모음을 포함하면 음절이 가볍고 이중모음이나 장모음을 포함하면 음절이 무겁다고 하여 각각 경음절(light syllable)과 중음절(heavy syllable)로 나누어 설명할 수 있다. 이것은 음절구조를 가지고 설명될 수 있는데 이를 테면 말음 없이 단모음을 가진 운모는 분지(branching)되지 않는 반면 이중모음이나 장모음을 가진 운모는 핵음에서 분지가 일어난다. 또한 모음들이 말음을 가졌을 때도 운모가 분지될 수 있다. 이 때 운모가 분지되지 않는 경우는 경음절이라 하고 운모가 분지되는 경우를 중음절이라고 한다. 이러한 음절구조에 따른 음절무게는 또한 강세 부여에서도 중요한 역할을 한다. 강세는 대체로 중음절(heavy syllable)에 주어지며 경음절(light syllable)에는 주어지지 않는다. 이것은 음절 내의 운모(rhyme)의 구조를 보면 그것이 강세가 주어질 수 있는 구조인지 그렇지 않은지를 알 수 있다는 것을 의미한다. 다시 말해서, 경음절은 운모가 말음(coda) 없이 핵음(nucleus)이 단모음(short vowel)으로만 형성되었을 때를 말하는데 이 때 이 경음절에는 강세가 주어지지 않는다.6 반면에 중음절은 운모가 말음을 가지고 형성되거나 또는 말음이 없다면 핵음이 장모음(long vowel)이나 이중모

6) 경음절에 강세가 주어지지 않는 것이 일반적이지만 v**i**sit, f**u**nny, h**a**ppen, m**e**dicine 등과 같이 각각 단모음 [ɪ, ʌ, æ, ɛ]에 강세가 주어지는 경우도 있는데, 이 때는 양음절(ambisyllabicity)을 통해 음절 구조를 재분석하여 설명할 수 있다. 그러나 본서에서는 이 분석을 자세히 다루지 않겠다.

음(diphthong)일 때를 말하며, 이 중음절에는 대체로 강세가 주어진다. 이러한 특징들은 <표 8>로 요약될 수 있는데, 강세가 주어진 음절들을 보면 모두 중음절임을 알 수 있다.

〈표 8〉 경음절과 중음절

	경음절(light syllable)	중음절(heavy syllable)
형태	음절 말: 단모음	음절 말: 자음 장모음 이중 모음
강세	없음	있음
예	about[**ə**.báʊt] repeat[**rɪ**.pít]	picture[**pík**.ʧɚ], stool[**stúl**] deny[dɪ.**náɪ**] kangaroo[kæŋ.gə.**rú**]

단, 비강세 모음인 schwa [ə]가 있는 중음절은 강세를 가지지 않는다. 말음(coda)을 가지고 중음절을 형성하여도 schwa는 언제나 강세를 가지지 않는다는 점을 유의하여야 하겠다.

5.3 음소배열론(Phonotactics)

음소배열론에서는 음절을 구성하는 음소들 간의 배열과 분포가 영어 단어로서 사용될 수 있는지 없는지에 대한 논의가 이루어진다. 말하자면, 하나의 음절을 형성할 때 두음 또는 말음 위치에 몇 개의 자음이 나타날 수 있으며 그 자음들이 어떻게 결합될 수 있는지, 어떤 자음이 어떤 모음과 연속적으로 나타날 수 있는지, 그리고 겹자음으로는 어떤 것들이 있는지에 대한 논의를 그 내용으로 하고 있다.

예를 들어, bn-, bm-, fs-, spm- 등의 음소 연속체는 어두에 나올 수 없는데, 실제로 이런 두음으로 시작하는 영어 단어는 존재하지 않는다. 따라서 두 단어 blank와 bmank 가운데서 영어로 사용할 수 있는 단어는 blank인데, 그 이유는 음소 /bl-/이 영어음절의 두음에서 허락되는 음소배열이기 때문이다. 반면, /bm-/은 영어 두음에서 허락되지 않는 음소배열이므로 영어에서 음절이나 단어의 시작음으로 나타나지 않는다. 그러나 음소 /bm/의 연속체는 단어 중간에서는 나타날 수 있다. 한 예로, 단어 submerge[səbmʌ:rʤ]에서처럼 2음절 이상의 단어에서 /-bm-/이 한 음절 내에서 두음이나 말음 연속체로 나타나지 않고 각각의 음절로 분리되면, 다시 말해서, [.səb.mʌ:rʤ.]와 같이 별개의 음절에서 각각 /b/는 말음으로, /m/는 두음으로 나타나면 영어에서 가능한 음소 연속체로 허락될 수 있으며 화자들이 아무 거부감 없이 사용하는 영어 단어가 된다. 이 외에도 자음 /ŋ/은 모음 /ɪ, ɛ, æ, ʌ, ɔ/ 뒤에만 나올 수 있고 단어 첫 소리로 나올 수 없으며 음절의 마지막 위치에만 나타난다.

한편, 영어 음절을 형성하는 데에는 음절의 핵음인 모음(V)을 중심으로 두음에는 세 개의 자음(C)까지 그리고 말음에는 네 개의 자음까지 나타날 수 있는데, 이 두음과 말음은 음절에서 나타나지 않을 수도 있다. 이러한 음절의 기본 구조를 (C)(C)(C)V(C)(C)(C)(C)와 같이 간단히 표시하기도 한다. 이러한 음절 구조는 단어를 구성하는 모든 음절에서 나타나므로 한 단어는 그 단어가 가지는 음절의 수에 따라 이러한 음절 구조를 하나에서부터 그 이상 여러 개를 가질 수 있다. 만약 3음절의 단어라면 이러한 음절 구조를 세 개 가지고 있는 셈이 된다. 또한, 영어 두음으로 자음이 최대 세 개까지 나타날 수 있고, 말음으로는 최대 네 개까지 나타나는데, 이러한 자음의 연속은 영어에서 허락되는 음소 배열에 따라 다양한 형태로 형성될 수 있다.

영어에서 하나의 음절이 구성 될 수 있는 자음과 모음의 결합체는 음절의 기본 형태 (C)(C)(C)V(C)(C)(C)(C)를 기준으로 다음 (6)과 같은 18 가지의 가능한 음절들을 가질 수 있다.[7]

(6) (C)(C)(C)V(C)(C)(C)(C)의 가능한 음절 구조

V	'oh'	CV	'say'
VC	'at'	CVC	'beat'
VCC	'act'	CVCC	'range'
VCCC	'ants'	CVCCC	'next'
		CVCCCC	'texts'

7) Hammond(1999)는 독일어에서 차용된 'angsts'[aŋsts]를 영어에서 가능한 음절 구조로 포함시키고 있으나 학자에 따라서는 이 단어가 가지는 VCCCC구조는 영어에 없는 음절 구조로 보기도 한다. 따라서 본서에서는 음절 구조에서 이 차용어는 제외하기로 하겠다.

CCV	'tree'	CCCV	'stray'
CCVC	'break'	CCCVC	'strike'
CCVCC	'trains'	CCCVCC	'sprint'
CCVCCC	'sphinx'	CCCVCCC	'strengths'
CCVCCCC	'twelfths'		

그런데 여기에서 영어 음절 구조에 존재할 것으로 예측되는 음소배열 CCCVCCCC의 구조는 제시되지 않았는데, 그것은 실제로 영어 음절 구조로 나타나지 않기 때문이다. 두음으로 올 수 있는 자음은 세 개까지 그리고 말음으로 올 수 있는 자음은 네 개까지 가능한 것은 분명하나 두음의 세 자음과 말음의 네 자음 모두를 동시에 만족시키는 음절구조는 영어에서 찾아보기 어렵다.

5.4 공명도 계층(Sonority Hierarchy)과 성절 자음(Syllabic Consonant)

자음과 모음의 차이는 공기 흐름의 방해 정도에 따른 구강 내의 소리의 울림 정도를 나타내는 **공명도**(또는 공명성(sonority))에 있음을 2장에서 언급한 바 있다. 발음할 때 공기 흐름의 방해가 거의 일어나지 않아 울림이 큰 소리가 모음이고 그 방해가 상대적으로 크게 일어나 울림이 적은 소리가 자음임을 살펴보았는데, 자음 중에는 공기 흐름의 방해가 비교적 적어 공명도가 높은 소리가 있다. 즉, 비음, 유음, 전이음 등이 바로 공명도가 높은 소리들인데, 이를 **공명음**(sonorant)이라 한다. 물론 공명성이 가장 높은 모음도 공명음에 속한다. 반면에 공명도가 낮거나 거의 없는 나머지 자음들, 즉, 파열음, 마찰음, 파찰음 등은 저해음(obstruent)이라 한다. 또한 유성음과 무성음을 비교할 때 공명성은 성대의 진동을 유발하는 유성음이 상대적으로 더 크다고 할 수 있다. 자음들의 공명도는 아래와 같이 그 정도가 각기 다른데, 공명이 큰 소리와 공명이 작은 소리들을 순서적으로 나열하면 다음 (7)과 같이 나타낼 수 있다. 저모음으로 갈수록 공명성이 높은 것을 뜻한다.

음절(syllable)은 어떻게 나누는가?

한 단어는 하나의 음절에서부터 여러 개의 음절을 가질 수 있는데 여러 개의 음절을 가질 경우 음절 구조를 구체화시키기 위해서는 적절하게 음절을 나눌 수 있어야 한다. 예를 들어 complain은 모음이 두 번 발음되므로 두 개의 음절을 가졌다고 할 수 있는데, 그러면 음절은 어느 위치에서 나눌 수 있을까? 이 때 음절을 어느 경계에서 나누어야 하는지에 대해서는 몇 가지 기준이 있다—(1) 모음을 중심으로 하여 그것의 두음을 먼저 갖도록 나눈다. 두음(onset)을 우선한다는 원칙(maximal onset principle)에 따라 최대한 두음을 모두 갖도록 한다. (2) 두음의 음소가 둘 이상 나타났을 때 그 자음들의 연속체가 영어 음소배열에 맞는 형태인지 확인한다. (3) 영어 음소배열에 맞지 않다면 두음의 첫 번째 음소를 앞 음절의 말음(coda)으로 옮긴다. 그래도 남아있는 두음의 음소들의 배열이 영어에서 허락되지 않는 형태라면 앞 음절의 말음으로 한 음소를 더 옮겨 넣는다. 이런 방법으로 두음의 적절한 음소 배열을 찾아가면 음절의 경계를 나누는데 무리가 없다.

그러므로 complain [kəmplen]의 음절은 (1)의 규칙에 따라 [kə.mplen]으로 나눠고 두 번째 음절의 자음연속체 [mpl-]가 영어 두음의 음소 배열에 없는 형태이므로 (2)와 (3)의 규칙을 적용하여 앞 음절의 말음으로 한 음소를 옮겨 [kəm.plen]으로 분리하게 된다. 그 결과 남은 두음의 연속체는 영어 음소배열에서 허락되는 [pl-]이 되므로 최종적으로 단어 complain은 [kəm.plen]의 음절 경계를 갖게 되는 것이다. 이와 같이 음절을 적절히 분리할 수 있어야 음절 무게와 공명도 계층을 설명하는데도 용이하다고 할 수 있다. 이러한 음절 분리를 음절화(syllabification)라고 한다.

(7) 공명도 계층(sonority hierarchy)[8]

1. 저모음(low vowels)
2. 중모음(mid vowels)
3. 고모음(high vowels)
4. 전이음(glides)
5. 유음(liquids)
6. 비음(nasals)
7. 유성마찰음(voiced fricatives)
8. 무성마찰음(voiceless fricatives)
9. 유성폐쇄음(voiced stops)
10. 무성폐쇄음(voiceless stops)

자음 중에서는 파열음이 공명도가 가장 낮고 전이음이 가장 높다. 전이음은 이중모음을 형성할 때의 역할 때문에 모음의 특성도 가진다고 볼 수 있지만 모음만큼 공명성을 가지지는 못하므로 자음의 특성을 가졌다고도 할 수 있다. 공명도의 계층은 음절 내에서 소리들의 연속체 형성과도 밀접한 관련이 있다. 한 예로, 단어 print를 구성하는 소리들의 공명성 정도는 다음 (8)과 같이 나타낼 수 있는데 공명성의 절정을 이루는 가장 높이 위치한 꼭짓점이 음절의 핵이며 이 핵음을 중심으로 하여 두음이나 말음이 그 지점에서 멀어질수록 공명성이 낮아지는 것을 볼 수 있다. 음절에서 소리들의 연속체는 이와 같은 공명성의 정도에 맞추어 형성된다고 할 수 있다. 따라서 일반적으로 음절 구조 (C)(C)(C)V(C)(C)(C)(C)에서 두음의 가장 첫 번째 소리 그리고

8) 이 공명도는 Hogg and McCully(1987)와 Yavaş(2016)가 제시한 내용을 참고한 것이다.

말음의 가장 마지막 소리가 공명성이 가장 낮다고 할 수 있다.

(8) a. b.

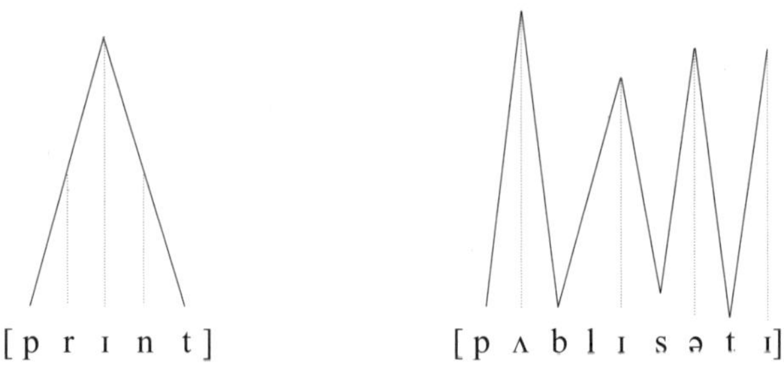

(8a)는 음절의 핵음이 하나로서 단음절 단어이고 publicity를 나타낸 (8b)는 [pʌ.blɪ.sə.tɪ]로서 음절의 핵음이 네 개이므로 4음절 단어인데 모두 핵음을 중심으로 공명성이 점차 낮아지는 것을 확인할 수 있다. 이와 같이 핵음에 가까울수록 공명성이 커지고 핵음에서 멀어질수록 공명성이 낮아지는 현상은 공명성배열원리(Sonority Sequencing Principle)에 따른 것이라고 할 수 있다.[9] 이 원리는 영어 음절 구조를 형성하는 음소들의 배열을 공명성 정도에 따라 규칙화하는 것으로 음절의 분리와 음절 구성에서 매우 중요하게 적용된다.

한편, 공명성이 가장 높은 모음이 음절의 핵을 이루지만 간혹 공명성이 높은 자음이 음절의 핵을 대신할 때가 있다. 공명성이 높은 유음

9) 음절 구조에서 공명성배열원리를 위배하는 예외적인 경우가 있기도 하다. 단어 sprints[sprɪnts]의 경우 두음에서 마찰음+폐쇄음 그리고 말음에서 폐쇄음+마찰음의 연속체를 가지고 있는데 이 때 두음과 말음의 각각의 공명성은 핵음에서 멀어질수록 공명성이 더 낮아진다는 공명성배열원리을 어기고 있다. 이는 폐쇄음보다 마찰음이 공명성이 더 높은데 마찰음이 두음의 첫소리와 말음의 마지막 소리로 나타났기 때문이다. /sp/ 시작음 말고도 /sk/나 /st/로 시작하는 두음에서도 이와 같은 현상이 일어난다.

과 일부 비음 [l̩, r̩, m̩, n̩]는 성절자음(syllabic consonants)이라 하여 자음이지만 때로는 모음처럼 음절의 핵의 역할을 할 수 있다. 이 성절자음들은 음절의 마지막 위치에서 형성되며 이러한 성절자음 바로 앞 위치는 모음이 나오지 못한다. 예를 들어, 단어 little [.lɪ.tl̩.]은 2음절어로서 첫 음절의 핵은 [ɪ]이고 두 번째 음절의 핵은 [l̩]이다. 이 때 두 번째 음절의 [l̩]은 이보다 공명성이 낮은 [t]가 두음으로 위치해 있고 음절의 마지막 위치에 있다. 이런 경우 이 두 번째 [l]은 음절의 핵의 역할을 하며 공명성이 일반적인 [l]보다 좀 더 높아지는 성절자음 [l̩]이 된다. 이것은 음절 내에 핵이 될 수 있는 모음이 없는 경우 공명도가 높은 성절자음이 그 음절의 핵의 역할을 한다는 것을 보여준다. 이외에도 성절자음은 sudden[sʌ.dn̩], rhythm[rɪ.ðm̩]의 단어들에서도 두 번째 음절의 마지막 음소와 같이 나타난다.

연습문제

1. 음절을 정의하고 음절 구조를 설명하세요.

2. 다음 단어들의 음성기호를 쓰고 음절 구조를 그려보세요.

(1) strike
(2) texts
(3) condemn
(4) theater
(5) photograph
(6) staple

3. 경음절과 중음절의 특징을 설명하고 해당 예를 제시하세요.

4. 영어 음절 내의 음소배열은 공명성과 밀접한 관련이 있는데 이것을 어떤 원리로 설명할 수 있으며 그에 해당하는 적절한 예를 제시하세요.

5. 다음 단어들의 음절을 본문의 (8)과 같은 형태로 공명도 계층에 따라 그려보세요.

(1) bashful
(2) almoner

(3) capacity
(4) magician

6. 다음 단어들의 음성기호를 모두 정확히 쓰고 성절자음이 있는 단어를 골라 어떤 성절자음인지 표시하세요.

(1) captain
(2) special
(3) simple
(4) plum
(5) butter
(6) mutton
(7) submit

6

음성 기술

6.1 음소(Phoneme)와 이음(Allophone)

영어를 음성적으로 분석하는데 있어 기본적인 요소로 음소(phoneme)와 이음(allophone)이 있다. 음소란 발화할 수 있는 최소의 소리 단위, 즉, 말소리가 만들어질 때의 소리(sound)의 가장 작은 단위를 말하는 것으로서 기호로는 / /로 표시한다. 예를 들어, 단어 pot은 /p/, /ɑ/, /t/의 세 음소로 이루어져 있고, rapid는 /r/, /æ/, /p/, /ɪ/, /d/의 다섯 음소로 이루어져 있다. 또한 though는 /ð/, /o/의 두 음소로 구성되어 있다. 이와 같이 음소는 말소리의 단위이므로 철자가 아니라 각각의 개별적 소리를 기본 단위로 삼는다. 이러한 각각의 음소가 연속적으로 이어져 발음될 때 음절을 이루고 그것이 의미를 가지면 단어가 되는 것이다. 그리고 음의 최소단위인 음소는 같은 소리의 연속체를 가진 두 단어가 있을 때 그 두 단어를 구별지어주는 단위로서의 역할을 할 수 있다. 다시 말해서, 음소 하나만이 달라서 의미의 차이가 생기는 단어를 구분할 수 있는 것인데 이러한 단어의 쌍을 **최소대립쌍**(minimal pair)이라고 한다. pat/bat, tin/din에서 각 단어의 쌍이 모두 첫소리의 위치에서 /p/와 /b/, /t/와 /d/의 대립을 보이며 의미의 구분이 이루어지고 있는데, 이것이 바로 최소대립쌍이다. 이 때 최소대립쌍은 철자가 아니라 발음되는 소리, 즉 음소로 구분한다는 것에 주의해야 한다. 따라서 bite/sight, dead/bed, doubt/down, bet/bat 등에서와 같이 하나의 음소만이 다른 채 나머지 음소의 동일한 수, 동일한 배열을 가진 단어의 쌍에서 의미의 차이를 보여주는 예들이 최소대립쌍이 될 수 있다. 2.5.2 전설 모음 연습에서 (7)과 (9)의 모음의 대조에서 제시한 예들이 모두 하나의 음소만이 달라서 의미가 달라진 최소대립쌍이라고 할 수 있다. 그러나 단어 쌍 pin/nip은 최소대립쌍이라고 할 수 없다. 왜냐하면, 단어 pin과 nip은 그것을 이루고 있는 음소의 종류와 수는 같지만 같은 위치에서 상호 대립되는 최소한의 음소가 없기 때문이다. 또한 pay/pale도 서로 대비되는 음소의 수가 다르므로 최소대립쌍이라고 할 수 없다. 이와 같이 의미의 차이로 단어를 구분해 주는 최소한의 소리의 단위가 곧 음소이다.

한편, 이음은 하나의 음소가 발음되는 환경, 즉, 음절이나 단어 또는 문장 내에서 음소가 차지하는 위치에 따라 음성적으로 달리 발음되는 변이음들을 말하며 기호로는 [ ]로 표시한다. 그리고 이러한 변이음들의 상세한 발음정보를 표시하기 위하여 특별히 고안한 구별기호(diacritics)를 사용한다(이에 대하여는 6.3에서 자세히 설명하고 있다.). 예를 들면, 4장에서 파열음의 특성으로 설명하였듯이 음소 /p/는 pin, spin, stop 등의 단어에서 그 위치에 따라 각각 차례로 이음 [pʰ], [p], [p˺]로 달리 발음된다. 이 때 [pʰ]는 단어의 첫소리나 강세 있는 음절의 첫소리에서 대기음(aspirated sound)으로, [p]는 음절 초 자음 /s/ 바로 뒤에서 또는 비강세 음절의 첫소리에서 비대기음(unaspirated sound)으로, 그리고 [p˺]는 단어나 음절의 마지막 위치에서 공기의 방출이 일어나지 않는 불파음(unreleased sound)으로 발음된다. 이렇게 하나의 음소는 그것이 위치한 환경에 따라 다양하게 발음될 수 있는데 이러한 현상을 두고 음소 /p/는 환경에 따라 세 개의 이음을 갖는다고 한다. 이 세 이음 [pʰ], [p], [p˺]은 하나의 음소 /p/에서 나온 음성이므로 모두 동일하게 무성 양순 파열음(voiceless bilabial plosive)으로 기술할 수 있다. 단지 환경에 따른 음성적 변이 양상이 다를 뿐인 것이다. 그런데 이음이 항상 이와 같이 동일한 음성 기술을 가지는 것은 아니다. 예를 들면, 음소 /t/는 이음으로 [tʰ], [t], [t˺] 뿐 아니라 [ʔ]도 가질 수 있는데 이것은 무성 성문폐쇄음으로서 세 가지의 이음인 [tʰ], [t], [t˺]와는 조음장소가 달라 음성 기술이 동일하지 않다. [t]는 그 밖에도 이음으로서 치음화 또는 설탄음화 현상도 보여준다. 비음이나 유음 음소도 <표 9>에서처럼 다양한 이음들을 갖는다

그러면 여러 음소에 따른 이음들이 어떠한 것들이 있는지 다음 <표 9>에서 자세히 살펴보자.

〈표 9〉 음소와 이음

음소	이음	예
/t/	[tʰ]	ten, tight, intense
	[t]	stop, start, important
	[t˺]	treat, corrupt
	[ʔ]	button, certain, mountain, bitten
	[t̪]	both tub, hit them
	[ɾ]	bottle, water, writer, latter
/k/	[kʰ]	kite, quite, clear, chemist
	[k]	ankle, skin, squeal
	[k˺]	neck, book, quick
/d/	[d]	dish, stand, dent
	[ɾ]	middle, rider, ladder
	[ʔ]	sudden, hidden
/n/	[n]	snack, done, knit
	[ɱ]	invite, invisible, infinitive
	[ɲ]	lunch, sponge
	[n̪]	seventh, find them
	[n̩]	button, bitten, sudden

/l/	[l] [ɫ] [l̩]	learn, allow, black pool, field, milk, almost little, bottle, coddle
/m/	[m] [ɱ] [m̩]	mile, move, immune comfort, emphasis, triumph bottom, rhythm, prism

<표 9>에서 이음인 성문폐쇄음 [ʔ]과 설탄음 [ɾ]은 음소 /t/와 /d/ 모두에서 발생할 수 있으며 이 이음이 생성되는 환경도 각각 동일하다는 것을 알 수 있다 즉, 어말에 있는 비강세 음절의 말음이 비음 /n/이고 그 음절의 두음이 치경비음 /n/와 동일한 조음장소를 가진 치경파열음 /t/와 /d/일 때 이 치경파열음은 모두 성문폐쇄음으로 발음된다. 또한 단어 내에서 강세 있는 모음과 강세 없는 모음사이에 /t/와 /d/가 위치할 때 이 치경파열음은 모두 설탄음 [ɾ]로 발음된다. 또한 성절자음인 [n̩], [l̩], [m̩]도 각각 음소 /n/, /l/, /m/의 이음이라 할 수 있으며, 순치 비음(labiodental nasal) [ɱ]는 치경 비음 /n/와 양순 비음 /m/ 모두의 이음이 된다. 순치 비음은 비음 /n/와 /m/가 그 뒤를 따르는 순치음(/f/ 또는 /v/)의 조음장소에서 발음될 때 나타나는데 이 때 조음장소가 각기 다른 두 비음 /n, m/가 하나의 순치음 위치에서 모두 [ɱ]로 실현되므로 중화(neutalization) 현상을 보여준다고도 할 수 있다.

6.2 상보적 분포(Complementary Distribution)와 자유변이(Free Variation)

6.1에서 음소와 이음을 살펴보았는데, 이 이음들이 보이는 가장 두드러진 음성적 특징이 상보적 분포이다. 한 음소에서 발생하는 이음들은 그것들이 나타나는 환경이 서로 겹치지 않고 상호 배타적인 분포를 보이며 각기 다르게 나타나는데 이러한 분포를 **상보적 분포**(complementary distribution)라고 한다. 하나의 음소에 속하는 이음들은 대체로 상보적 분포관계를 보인다고 할 수 있다. 예를 들어, 이음 [tʰ]와 [t]는 모두 음소 /t/에 속하지만 [tʰ]는 어두나 강세 음절 첫소리에서, [t]는 비강세 음절 첫소리에서 각각 실현되는 음성이며 이 음성적 차이는 각기 다른 환경 하에서만 나타나므로 서로 배타적인 상보적 분포라고 할 수 있다. 그러나 이 이음들은 하나의 음소에서 생성된 것이므로 상호간에 **음성적 유사성**(phonetic similarity)을 갖는다. 즉, 이음들이 나타나는 환경은 배타적이나 그것들은 하나의 음소에서 나온 변이형들이므로 그 음가는 서로 유사하다. 예를 들면, 음소 /p/는 환경에 따라 이음 [pʰ], [p], [p˺]로 각각 음성적 차이를 보이지만 이 이음들은 모두 한 음소 /p/에 공통으로 속해 있으므로 모두 무성 양순 파열음(voiceless bilabial plosive)으로서, 서로 음성적 유사성이 있는 것이다. 따라서 하나의 음소에서 출발한 이음들은 상보적 분포에 있으면서 동시에 음성적 유사성이 있다고 할 수 있다.

그러나 이음들이 상보적 분포에 있다고 해서 항상 음성적 유사성이 있는 것은 아니다. 그 예로 음소 /h/와 /ŋ/의 경우를 고려해 볼 수 있다. 음소 /h/는 음절 두음 위치에서만 나타나고 음절 말음 위치에서는 나타나지 않는 반면, 음소 /ŋ/은 음절 말음 위치에서만 나타나고 음절 초 위치에서는 나타나지 않는다. 이 두 음소가 나타나는 환경이 서로 중복 되지 않고 배타적이므로 음절 내에 차지하는 위치에 있어서 상보적 분포관계에 있다. 그러나 [h]와 [ŋ]은 서로 음성적 유사성이 없다. [h]는 무성 성문 마찰음이며 [ŋ]은 유성 연구개 비음으로서 공유하는 소리의 특징이 없기 때문이다. 따라서 두 자음은 상보적 분포관계에 있음에도 불구하고 이음 관계가 성립되지 않으며, 이들 두 소리는 서로 다른 음소로 간주된다.

그런데 이 음성적 유사성은 자유변이 현상을 설명하는데 효과적인 단서를 제공한다. 어느 한 음소가 동일한 환경에서 두 가지 이상의 변이음(variant)으로 발음되면서 그것이 단어 간의 의미적 대비를 가져오지 않는 경우가 있는데 이러한 현상을 **자유 변이**(free variation)라고 한다. 이러한 자유변이 현상은 음성적 유사성을 갖는 이음들에서 흔히 찾아볼 수 있다. 이를테면, 음소 /d/는 단어 내의 환경에 따라서 이음 [d] 또는 [ɾ]로 발음될 수 있는데, 그 예로서 middle은 [mɪdl] 또는 [mɪɾl]로 발음되어도 의미의 차이가 없다. [d]와 [ɾ]는 음소 /d/의 이음으로서 유성 치경음이라는 공통된 자질을 가지므로 음성적 유사성이 있으며 따라서 서로 중복되어 발음하여도 의미의 차이를 가져오지 않는다. 이때 middle의 발음 [mɪdl] 또는 [mɪɾl]를 자유변이라고 하는 것이다. 대체로 이음들은 서로 교체되어 발음되어도 단어의 의미적 차이가 나타나지 않으므로 자유변이가 된다. 그러나 이와는 달리 음소 자체가 달라질 때도 자유변이가 생기는 경우가 있다. 예를 들어, either가 [aɪðə(r)]

또는 [iðə(r)]로 발음되거나 with가 [wɪθ] 또는 [wɪð]로 발음되는 경우가 있는데, 전자의 모음 /aɪ/와 /i/는 bite[baɪt]-beat[bit] 처럼 서로 각기 다른 음소로서 의미적 차이를 가져오는 음소이지만 either에서는 의미적 차이를 가져오지 않으므로 두 발음 [aɪðə(r)]와 [iðə(r)]는 서로 자유변이가 된다. 후자의 경우도 마찬가지로 /θ/와 /ð/는 loath[loθ]-loathe[loð]에서처럼 두 단어의 의미를 구별 짓는 별개의 음소이지만 단어 with에서는 [wɪθ]와 [wɪð]가 의미적 차이를 보이지 않는 자유변이가 된다. 이와 같이 자유변이는 한 음소에 속한 이음 간에서도 나타나지만 다른 음소에 속한 각기 다른 이음 간에서도 일어날 수 있으며, 의미적 차이가 나타나지 않으면서 서로 교체되어 발음되는 다른 경우에도 자유변이에 해당한다고 할 수 있다.

6.3 간략 표기와 정밀 표기

우리가 말소리를 기술할 때 기본 음소만을 가지고 간단히 표기하는 방법과 면밀한 음성적 차이까지 나타내기 위하여 이음 기호까지 동원하여 표기하는 방법이 있다. 즉, 개별 언어의 음소 체계를 이루는 기본적인 음소만으로 간략하게 말소리를 나타내는 것이 **간략 표기**(broad transcription)이며, 음성적 차원에서 실제 발음할 때의 상세한 발음 정보까지 보여주는 것이 **정밀 표기**(narrow transcription)이다. 그래서 간략 표기는 다른 말로 음소 표기(phonemic transcription)라고도 하며 / /로 표기하는 반면, 정밀 표기는 음성 표기(phonetic transcription)라고도 하며 [ ]로 표기한다. 예를 들어, I'll say it again을 간략 표기로 나타내면 /aɪl se ɪt əgɛn/이 되지만, 정밀 표기로 나타내면 [aɪɫ se ɪt̚ əgɛ̃n](또는 [aɪɫ se ɪɾ əgẽn])이 된다. 정밀표기의 경우 어두운 'l'표기 [ɫ], 불파음 표기 [̚], 비음화 표기 [̃]와 같은 특별한 구별 기호(diacritics)를 이용하여 세부적인 음성적 특성을 나타내 줄 수 있다. 이외에도 정밀 표기에 쓰이는 구별 기호로는 치음 앞 또는 뒤의 음소에서 나타나는 치음화 [̪], 모음 대신 음절의 핵이 될 수 있는 성절음화 [̩], 단어 첫 소리나 강세 있는 음절의 첫 소리에서 나타나는 대기음 [ʰ] 등이 있으며 그 몇 가지 예들을 다음과 같이 간단히 살펴볼 수 있다.

(1) 음성변화에 따른 구별기호

치음화(dentalization): tenth[n̪], eighth[t̪], both tub[t̪]

비음화(nazalization): hand[æ̃], congress[ã]

성절음화(syllabicity): little[l̩], button[n̩], rhythm[rɪðm̩]

대기음(aspiration): people[p^h], attack[t^h], cat[k^hæt]

치음화는 치음 앞 또는 뒤에 있는 음소가 치음이 만들어지는 장소에서 소리나는 현상을 말하며, 비음화는 모든 비음 앞에 있는 모음이 비음으로 소리나는 현상을 말하는데 이 두 경우 인접한 음소의 조음상의 특징을 따라가게 된다는 점에서 동화현상을 보여 준다고 할 수 있다. 즉, 치음화는 치음의 조음장소(place of articulation)에, 비음화는 비음의 조음방법(manner of articulation)에 각 음소가 동화되는 것이다. 또한 성절자음은 공명성이 높은 자음 /m, n, l, r/이 음절이나 단어의 마지막 위치에 있으면서 공명성이 낮은 선행 자음을 가질 때 공명성이 특히 더 높아져 음절의 핵 역할을 할 수 있는 소리를 가리키는데 구별기호를 이용하여 [m̩, n̩, l̩, r̩]로 나타낸다.

연습문제

1. 음소와 이음에 대하여 설명하고 아래 주어진 단어가 몇 개의 음소로 구성되어 있는지 발음기호와 함께 쓰세요.

(1) though
(2) ascendant
(3) antique
(4) substantial

2. 다음 단어와 구절의 발음을 각각 간략 표기와 정밀 표기로 나타내 보세요.

(1) a pretty girl
(2) I'll send you a letter.
(3) What's your favorite subject?

3. 다음 음소들이 가질 수 있는 이음들을 쓰고 그 이음을 보이는 예들을 제시하세요.

(1) /t/
(2) /p/
(3) /l/
(4) /n/

4. 상보적 분포와 음성적 유사성의 관계에 대하여 설명하세요.

5. 자유변이 현상은 어떤 경우에 나타나는 것인지 예를 들어 설명하세요.

7

강세

영어의 말소리를 이루고 있는 중요한 요소가 모음과 자음임에는 분명하나 이외에도 소리의 음가에 영향을 미쳐 의미적 구분을 가져오는 단위가 있다. 즉, 모음과 자음 외에도 특정한 분절음이나 구문에 첨가되어 다양한 의미적 기능을 수행하는 소리의 요소들이 있는데, 강세, 리듬, 억양 등이 바로 그것이다. 자음과 모음을 **분절음소**(segmental phoneme)라고 한다면, 강세, 리듬, 억양 등과 같이 홀로 쓰이지 못하고 분절음소에 붙어서 작용하는 요소를 **초분절음소**(suprasegmental phoneme)라고 한다.

이 중 **강세**는 한국어와 다르게 영어의 모든 단어가 가지는 대표적 특징이라 할 수 있다. 강세 있는 음절은 조음상으로 볼 때 다른 음절보다 폐에서 나오는 공기를 상대적으로 강하게 내보내며 발음된다. 청각적으로는 보통 강세가 있는 음절이 강세 없는 음절 보다 상대적으로 pitch(음의 고저)가 더 높고 소리가 더 크며 지속 시간이 더 길다고 할 수 있다. 예를 들어, 단어 moment[.mó.mənt.]에서 강세가 있는 첫 음절은 강세가 없는 둘째 음절 보다 소리의 크기가 크고 길이도 더 길며 일반적으로 pitch도 높다. 그리고 긴장 모음과 이완 모음이 한 단어 내에 나타났을 때 보통 긴장 모음에 더 강한 강세가 주어지므로 이 단어에서도 긴장 모음인 이중 모음 [o]에 강세가 주어진 반면, 이완 모음인 [ə]는 강세가 주어지지 않는다. 그렇지만 이완 모음이라 해서 항상 강세가 없는 것은 아니다. 2장에서 언급하였듯이 이완 모음 중에서 항상 강세가 없는 모음은 'schwa'([ə(ɚ)])이며, 이완 모음이면서도 항상 강세를 가지는 모음은 [ʌ]이다. 그리고 기타의 다른 이완 모음들도 때에 따라서 강세를 가지는 경우가 있다. 그러나 대체로 긴장 모음에 강세가 주어지는 것은 사실이다. 일반적으로 강세는 음절의 상대적인 **탁립**(prominence), 즉, 상대적인 강약의 정도를 나타내 주는 것이라 정의하기도 하는데, 두 음절 이상의 단어에서 다른 음절보다 좀 더 크고 뚜렷하게 들리는 음절을 두고 탁립이 크다고 한다.

7.1 강세(Stress)의 표기

강세는 그 세기의 정도에 따라 몇 가지 단계로 구분할 수 있는데, 음성학자에 따라 그 단계를 네 종류 또는 세 종류로 보기도 한다. 네 단계로 구분하는 경우에는 다음과 같이 /ˊ, ˆ, ˋ, ˘/의 네 가지로 표시한다.

제1강세 (primary stress): / ˊ /
제2강세 (secondary stress): / ˆ /
제3강세 (tertiary stress) : / ˋ /
약강세 또는 비강세 (weak stress or unstressed): /˘/, / /

강세를 세 종류로 구분하는 경우에는 다음과 같이 표시하는데, 본서에서는 세 단계로 표시하는 방법을 사용하겠다.

제1강세 (primary stress): / ˊ /
제2강세 (secondary stress): / ˋ /
약강세 또는 비강세 (weak stress or unstressed): / /

예를 들어, 3음절어인 magnitude[.mǽg.nɪ.tyùd.]에서 첫째 음절은 제1강세를 지니므로 가장 강하게 발음되고 세 번째 음절은 제2강세를 지니므로 그 다음으로 강하게 발음된다. 그리고 두 번째 음절은 가장 약하게 발음되거나 강세가 전혀 주어지지 않는 약강세 또는 비강세 음절이 된다.

7.2 단어 강세

모든 단어는 반드시 제1강세를 지니며, 3음절 이상의 단어에서는 보통 제2강세까지 갖게 되는데, 이 때 강세의 패턴은 강약 리듬이 있는 운율로 나타난다. 즉, 강세가 있는 음절이 연속적으로 이어져 나타나지 않으며 강세와 강세 사이에는 약강세나 비강세 음절이 중간에 끼어 들면서 운율적으로 강한 부분과 약한 부분이 번갈아 나타나는 리듬을 형성하는 것이다. 따라서 앞서 살펴본 magnitude의 강세 패턴은 강-약-강[´ . . `]의 리듬을 보인다.

한 단어 내에서 특정 음절에 주어지는 강세는 다른 음절과의 상대적 탁립에 의해 주어진다. 따라서 단어 강세는 음절의 수에 따라 그 패턴이 다양하다. 그러나 단음절어는 상대적 탁립에 의해서가 아니라 단독의 음절 하나에 강세가 주어진다. 사전에서는 단음절어에 주어지는 강세가 표시되어 있지 않지만 단음절어에도 원래 제1강세가 있음을 알아두어야 하겠다.

영어의 강세 형태는 매우 복잡한 규칙 체계이므로 언어 이론을 깊이 이해했을 때에만 그 강세 유형을 예측할 수 있다. 물론 예측이 불가능한 예외적인 유형도 빈번히 나타나므로 일반적인 영어학습자들은 단어가 갖는 강세 패턴을 일일이 암기해야 하는 어려움을 가질 것이다. 그러나 특정 접미사나 품사의 특성에 따라 부분적으로 강세의 위치를 예측할 수 있는 것도 사실이다. 이제 음절이 증가함에 따라 달라지는 여러 강세 패턴들과 접미사의 첨가에 따른 강세 부여의 유형을 살펴보도록 하겠다.

(1) 단음절어

cát	bóok
mále	mán
héight	knífe
stróng	níne

(2) 2음절어

bóyhood	becáuse
ádded	forgét
hóuses	affáir
lónger	todáy
súbject	concéit
áccess	corrúpt

명사	동사	명사	동사
cónduct	condúct	cómpact	compáct
ímport	impórt	tránsfer	transfér
ímpress	impréss	díscount	discóunt
íncrease	incréase	ínsult	insúlt
récord	recórd	dígest	digést
ábsent	absént	présent	presént

(3) 3음절어

phótograph	yésterday
régister	índicate
míneral	guarantée
diréction	impolíte
colléction	cigarétte
imágine	disappóint

(4) 4음절어

béautifùlly	cáterpìllar
críticìsm	mémoràble
divínity	necéssity
demócracy	proféssional
diplomátic	resolútion

(5) 5음절어

órdinàrily	ánimàtedly
mómentàrily	àgricúltural
còsmográphical	òbjectívity
spècificátion	delìberátion
encyclopédia	divínatòry

음절이 증가함에 따라 단어의 강세는 매우 불규칙적으로 주어진다. 명사와 동사의 2음절 단어에서의 일정한 강세 패턴을 제외하고는 영어에서 정확한 강세 패턴을 예측하기란 매우 어렵다. 그러나 형태론적 단위가 첨가되면서 강세 패턴을 예측할 수 있는 부류가 있는데 특정 접사(affix)가 첨가된 단어들이 여기에 해당된다. 대체로 접두사의 첨가는 원래 단어가 가지는 강세 위치의 변화를 가져오지 않으나 접미사가 첨가되는 경우에는 다르다. 특정한 접미사(suffix)가 어간(stem)에 첨가되었을 때 (6)과 같이 접미사가 첨가되기 이전과 이후의 강세 위치가 달라지는 경우와 (7)에서와 같이 강세 위치가 달라지지 않는 경우가 있는데, 강세 위치가 달라지는 경우에는 (6a)와 같이 접미사 그 자체가 강세를 가지거나 (6b)와 같이 첨가된 접미사의 바로 앞 음절에 강세가 놓이게 된다. 이러한 강세 변화를 여러 단어들에서 찾아볼 수 있다.[10]

(6) 강세를 변화시키는 접미사(stress-shifting suffixes)

a. 강세를 가진 접미사(stress-bearing suffixes)

-ade blóck - blockáde
-aire míllion - millionáire
-ation násalize - nasalizátion
-ee emplóy - employée
-eer móuntain - mountainéer
-ese compúter - computerése
-esque pícture - picturésque
-ette kítchen - kitchenétte (cf. étiquette)
-ific hónor - honoríﬁc

b. 강세를 갖지 않는 접미사(stress-nonbearing suffixes)

-ian Wágner - Wagnérian
-ic mónarch - monárchic
-icide ínsect - insécticide
-ious lábor - labórious
-ous advántage - advantágeous
-ity indivídual - individuálity
-ify pérson - persónify
-ual cóntext - contéxtual
-y phótograph - photógraphy
-able compáre - cómparable
-cal geómetry - geométrical

(6a)의 예들은 강세를 변화시키는 접미사 가운데 접미사 자체가 강세를 가지고 있는 경우를 보여준다. 여기에서 한 가지 주목할 것은

10) 접사가 첨가된 단어의 강세 패턴은 Carr(2013)와 Yavaş(2016)의 내용을 참고한 것이다.

étiquette과 같은 예외 현상이다. 즉, 접미사 –ette는 kitchenétte에서 처럼 그 자체가 강세를 가지고 있으나, étiquette에서는 그렇지 않다. 그 이유는 etiquette이 하나의 형태소로 이루어진 단어이며, 이 경우의 –ette[-ɛt]는 접미사가 아니라 형태소 etiquette을 구성하는 원래의 음소이기 때문이다. 그러므로 kitchen의 어간 형태소에 또 다른 형태소인 접미사 -ette가 부가된 예와는 강세 패턴이 다른 것이다.

한편, (6b)는 접미사가 첨가되었을 때 대체로 접미사 바로 앞의 음절에 강세가 주어지는 예를 보여 준다. 그러나 이 중 세 단어 photography, comparable, geometrical에서는 강세 위치가 이러한 패턴과는 다르게 나타나고 있다. 이것은 첨가된 접미사의 바로 앞의 음절이 강세를 갖지 못하는 경음절(light syllable)이기 때문에 한 음절 앞으로 더 옮겨간 위치에 강세가 주어지기 때문이다.

(7)에 제시된 단어들은 접미사가 첨가되어도 강세의 변화가 전혀 일어나지 않는 예들이다.

(7) 강세를 변화시키지 않는 접미사(stress-neutral suffixes)

-al	arríve - arríval
-ant	ascénd - ascéndant
-er	públish - públisher
-ess	príest - príestess
-ful	gráce - gráceful
-hood	chíld - chíldhood
-ish	gréen - gréenish
-ism	Márx - Márxism
-ist	húman - húmanist
-ive	submít - submíssive
-ize	spécial - spécialize

-ship	fríend - fríend<u>ship</u>
-ness	géntle - géntle<u>ness</u>
-ly	bríght - bríght<u>ly</u>
-y	sílk - sílk<u>y</u>

(7)에서는 접미사가 붙기 전과 붙은 후의 단어에서의 강세 위치가 다르지 않다. 즉, 접사가 첨가되거나 첨가되지 않거나 강세 위치는 일정한 것이다. 그런데 이들 중에서 접미사 -y는 (6b)에서 강세 변화를 일으키는 접미사 -y와 그 특성이 다르다는 것에 주의해야 한다. (7)에서 -y는 sílky에서처럼 형용사를 형성하는 접미사인 반면 (6b)의 -y는 photógraphy에서처럼 명사를 형성하는 접미사이다. 이것은 형태론적인 의미 단위, 즉 형용사의 의미를 지닌 접사인지 아니면 명사의 의미를 지닌 접사인지가 강세 부여 규칙에 영향을 미친다는 것을 보여주는 것으로서, 그 의미 단위가 어떤 품사를 갖는지에 따라 강세 패턴이 달라진다는 것을 알 수 있다. 접사가 첨가된 후 단어가 가지는 문법적 특성에 따라 강세 패턴이 다르므로 이를 혼동하지 않도록 유의해야 하겠다.

이외에도 강세의 변화를 가져오지 않는 접미사로서 굴절접미사(inflectional suffixes)를 들 수 있는데, 예를 들어, 동사의 3인칭 단수형 어미 –s, 명사의 복수형 어미 –s, 소유격 어미 –s, 동사의 과거, 과거분사형 어미 –ed(-en), 진행형 어미 –ing, 형용사의 비교급 어미 –er, 최상급 어미 –est 등의 굴절접미사가 부가될 때는 강세 변화가 일어나지 않는다.

7.3 복합어 강세

두 단어 이상이 연속된 형태를 흔히 하나의 구(phrase)나 복합어(compound word)로 보는데, 그것의 차이는 강세로 결정된다. 일반적으로 복합어는 '제1강세 + 제2강세'의 강세 유형을 가지며 구절 강세는 반대로 '제2강세 + 제1강세'의 형태를 갖는다. 즉, 복합어의 제1강세는 대개 그 복합어를 구성하는 첫 번째 단어에 위치한다(단 (9a)는 예외임). 복합어에는 명사 복합어, 동사 복합어, 형용사 복합어 등이 있으며 각기 그 구성에 있어서 다양한 유형을 보인다. 그 유형들은 다음과 같다.

(8) 명사 복합어(제1강세 + 제2강세)

a. 명사 + 명사

chúrchyàrd	díning ròom
hómesteàd	schóol teàcher
ráinfàll	tówn hòuse
súnrìse	lády's-slìpper
whéatfièld	néwspàper
lády dòctor	tóy càr
bríck yàrd	gláss càse

b. 형용사 + 명사

báckgròund	hálf-brèed
bróadsìde	mídnìght

bláckbòard	gréenhòuse
grándfàther	réd-skìn
géneral stàff	whíte-càps
mád dòctor	híghwày
líght hòuse	dárkròom

c. 동사가 포함된 복합어

bréakwàter	býpàss
pláymàte	dównpòur
bréakdòwn	stánd-stìll
hóldùp	fállòut
píckùp	úpkèep
stándìn	shórtcùt
óverdraùght	únderwèar

(9) 동사 복합어

a. 동사 + 부사(제2강세 + 제1강세)

brìng úp	lòok óver
stànd úp	càll úp
tàke óver	

b. 동사 + 전치사(제1강세 + 제2강세)

allów fòr	applý fòr
cáre fòr	insíst òn
resórt tò	rún fòr

(10) 형용사 복합어

a. 명사 + 분사(제1강세 + 제2강세)

bréath tàking	hóme màde
éarth shàking	blóod thìrsty
héart bròken	éye càtching

b. 형용사 + 과거분사(제1강세 + 제2강세)

cléar-hèaded	fúnny-shàped
néar-sìghted	

c. 명사 + 형용사(제1강세 + 제2강세)

cólor-blìnd	hóme-sìck
wórld-wìde	lífelòng
héaven-bòrn	ský-blùe

(11) 특수형태의 복합어

né'er-do-wèll	jáck-o'-làntern
forgét-me-nòt	whérewithàl

이와 같이, 복합어는 맨 앞 구성 요소에 제 1강세가 오는 것이 일반적이다. 그러나 예외적으로 (9a)와 같이 '동사 + 부사'로 구성된 복합어의 경우에는 부사에 제1강세가 오므로 각별히 주의해서 발음하여야 한다.

7.4 구절 강세

두 단어 이상이 모여 '수식어 + 피수식어'의 구절 구조(phrase structure)를 가졌을 때 강세는 '제2강세 + 제1강세'의 형식을 갖는다. 예를 들어, 구절 a good girl에서 형용사 good은 명사 girl을 수식해 주므로 good은 수식어이며 girl은 피수식어이다. 이 때 피수식어인 girl이 제1강세를 지니며 수식어인 good이 제2강세를 지닌다. 따라서 강세 패턴은 a gòod gírl이 된다. 그러나 (13)에서처럼 수식어가 피수식어의 뒤에 위치하여 '피수식어 + 수식어'의 구조가 될 때에는 오히려 수식어가 제1강세를 갖고 피수식어가 제2강세를 가지므로 발음에 유의하여야 한다.

(12) 수식어 + 피수식어

a glàss dóor	a seàside resórt
vèry góod	an òld mán
nèver smóke	àlways láughs
mòst beaútiful	ràther slówly

(13) 피수식어 + 수식어

a weèk before Chrístmas	glàd to sée
brìghter than the sún	as sòon as póssible
lìke to réad	thìnk cleárly

한편, and나 or와 같은 접속사로 연결된 구절의 경우 대체로 접속

사 뒤의 요소에 제1강세가 주어진다. 그 예로 sòns and dáughter, 그리고 dày or níght에서 모두 접속사 뒤의 단어가 제1강세를 가진 것을 볼 수 있다. 이 밖에도 (14)와 같이 흔히 혼동하여 잘못 발음하기 쉬운 명사구와 복합명사를 비교해 볼 수 있다. 그것들을 구성하는 단어는 같으나 강세의 위치에 따라 의미가 달라지므로 발음에 주의하여야 한다.

(14)

명사구(Noun Phrases)	복합명사(Compound Nouns)
whìte hóuse	Whíte Hòuse
blàck bóard	bláckbòard
làme dúck	láme dùck
hòt dóg	hót dòg
Gèrman shépherd	Gérman Shèpherd
mìddle áge	the Míddle Àge
grèen hóuse	gréenhòuse
hìgh cháir	hígh chàir
rèd cáp	rédcàp
dàncing téacher	dáncing tèacher

명사구는 수식어인 형용사가 피수식어인 명사를 수식해 주는 형식을 갖추며 명사가 구절의 핵심으로서 의미의 중심이 된다. 따라서 피수식어인 명사에 제1강세가 주어진다. 그러나 복합명사에서는 둘 또는 세 단어가 결합되어 있어도 그것을 한 단위의 단어로 보기 때문에 첫 단어에 제1강세를 부여한다.

7.5 문장 강세

영어의 모든 단어는 개별적으로 발음될 때 각 단어 마다 하나의 제1강세를 지니게 된다. 그러나 둘 이상의 단어가 모여 문장을 이룰 때 개별 단어들이 가지는 고유의 강세 유형이 달라질 수 있다. 그 예로, the, man, is, a, linguist의 단어들은 각각 제1강세를 독립적으로 갖는다. 그러나 이것이 문장 The man is a línguist를 형성할 때 제1강세는 linguist에만 오게 된다. 이와 같은 강세 부여는 단어나 구절과는 달리 문장의 의미 형성에 주요하게 기여하는 단어를 우선적으로 강조하는 규칙에 근거한다. 그 가운데서도 특히 문장의 마지막에 오는 주요 의미의 단어가 가장 주목을 받게 되고 그곳에 가장 강한 강세를 주게 된다. 이러한 규칙성은 문장을 형성하는 단어들의 부류, 즉, 품사의 종류에 따라 설명될 수 있는데 그것은 크게 두 가지로서 내용어와 기능어로 구분될 수 있다.

문장의 의미 형성에서 주요한 역할을 하는 단어를 **내용어**(content word)라 하고 그런 내용어를 보충해 주는 보조적인 기능을 담당하는 단어를 **기능어**(function word)라 한다. 내용어에는 명사, 동사, 형용사, 부사, 의문대명사, 지시대명사, 부정대명사, 감탄사 등이 속하고 기능어에는 인칭대명사, 재귀대명사, 관계대명사, 조동사, 관사, 전치사, 접속사 등이 속한다. 그리고 문장 강세는 주로 내용어에 주어지며 기능어에는 주어지지 않는다. 그러나 경우에 따라서는 문장 강세가 기능어에 주어질 때도 있는데, 그것은 특정 문장의 내용상 화자가 내용어보다는 기능어를 더 중요하게 강조할 때 나타난다. 예를 들어, 문장 I never gave you that book에서 보통은 내용어인 never, gave, book 등에 문장 강세가 주어져야 하겠지만 상황에 따라 화자는 강조의 뜻으로 I, you, 또는 that 등에 강세를 줄 수도 있다. 문장에서 강세는 (15)에서와 같이 내용어에 주어지며 문장에서 마지막 위치에 오는 내용어가 가장 강한 강세(major pitch)를 가진다. 이 때의 가장 강한 강세를 음조악센트(tonic accent)라고 한다. 그리고 문장 강세에서 주로 내용어에 주어지는 강세는 제2강세로 표시하고 음조악센트는 제1강세로 표시하는 것이 보통이다. 이와는 달리 (16)에서는 내용어나 기능어에 상관없이 화자가 강조하고자 하는 의도에 따라 음조악센트가 달라지는 경우를 보여준다.

(15) 내용어에 문장 강세가 주어지는 경우

a. He tòld his stòry quìckly and with grèat enjóyment.
b. Whàt do you thìnk of the wéather?
c. Whère are you góing?

(16) 강조를 위해 문장 강세가 주어지는 경우

a. Bób gàve me the bòok. (다른 사람이 아닌 Bob이 주었다)
b. Bòb gáve me the bòok. (빌려 준 것이 아니라 주었다)
c. Bòb gàve mé the bòok. (다른 사람이 아닌 바로 나에게 주었다)
d. Bòb gàve me thé bòok. (다른 책이 아닌 바로 그 책을 주었다)
e. Bòb gàve me the bóok. (다른 물건이 아닌 바로 책을 주었다)

기능어는 보통 강세를 가지지 않으나 화자가 대화상에서 강조하고자 하는 기능어에 강세를 둔다면 그 기능어 발음의 강도와 음의 높낮이(pitch)는 강세가 없을 때의 기능어와는 달라진다. 이러한 강세를 가진 기능어의 발음 형태를 강형(strong form), 그렇지 않은 발음 형태를 약형(weak form)이라고 하는데, 강형과 약형의 발음 차이를 다음 <표 10>을 통해서 확인할 수 있다.

〈표 10〉 기능어의 강형과 약형의 비교

단어	강형	약형
a	[e]	[ə]
and	[ænd]	[ənd, nd, ən, n̩]
as	[æz]	[əz]
at	[æt]	[ət]
are	[ar]	[ɚ]
were	[wɝ]	[wɚ]
was	[wʌz]	[wəz]
can	[kæn]	[kən, kŋ]
has	[hæz]	[həz, əz, z, s]
have	[hæv]	[həv, əv]
than	[ðæn]	[ðən]
must	[mʌst]	[məst, məs]
she	[ši]	[šɪ]
you	[ju]	[jə]
him	[hɪm]	[ɪm, m̩]
her	[hɝ]	[ɚ]
us	[ʌs]	[əs]
them	[ðɛm]	[ðəm, əm, m̩]
that	[ðæt]	[ðət]
just	[ǰʌst]	[ǰəst]
would	[wʊd]	[wəd, əd]
could	[kʊd]	[kəd]
should	[šʊd]	[šəd]
to	[tu]	[tə]
for	[fɔr]	[fɚ]

강형의 기능어 발음은 약화되는 모음이 없이 있는 그대로의 발음으로 실현되는 반면 약형의 기능어 발음은 대체로 모음이 [ə]로 약화되어 실현되며 have, has, him, her, must에서처럼 자음이 생략되기도 한다.

일반적으로 강세를 가지지 않는 기능어의 특성과 관련하여 '동사 + 대명사'와 '전치사 + 대명사'의 강세 패턴에 대하여 생각해 보자. 우선 '동사 + 대명사'와 '동사 + 명사'의 강세 패턴을 비교해 보면, (17)의 예에서 보이듯이 '동사 + 명사' 구절에서 제1강세는 명사에 놓이는 반면에 '동사 + 대명사' 구절에서는 동사에 놓인다. 이는 어휘적 의미를 가진 명사 보다는 대명사가 기능적 역할을 하므로 명사에 놓였던 강세가 내용어인 동사의 위치로 옮겨간 것이라고 볼 수 있다. 특히 (17d)와 (17e)에서 인칭대명사는 완전한 기능어로서 강세를 가지지 않는다고 할 수 있다.

(17) a. Paul knèw the fáct. → Paul knéw ìt.
b. Don't sày the wórd. → Don't sáy ìt.
c. He tòld me the stóry. → He tóld me thàt.
d. She gàve it to Tóm. → She gáve it to him.
e. I'll wàit for Máry. → I'll wáit for her.

한편, '전치사 + 대명사' 유형의 구절에서 전치사와 대명사는 모두 기능어이므로 그 강세의 위치를 예측하기 어려운데, 이 경우에는 전치사가 제1강세를 지니며, 대명사는 강세를 지니지 않는 것이 일반적이다. 예를 들어, 문장 John is agáinst me에서 제1강세는 전치사 against에 위치하며 인칭대명사 me에는 강세가 주어지지 않는다.

연습문제

1. 구절 강세와 복합어 강세의 특성을 비교하여 설명하세요.

2. 다음 단어 쌍들의 제1강세를 표시하고 의미의 차이를 쓰세요.

형용사	명사
(1) personal	personnel
(2) moral	morale
(3) local	locale
(4) invalid	invalid

3. 다음 구절과 복합어에 올바른 강세 표시를 하세요.

(1) blackbird(a kind of bird)
(2) English teacher(a teacher whose nationality is English)
(3) English history teacher (a teacher who teaches English history)
(4) German shepherd(German shepherder)
(5) the magnificent White House

4. 다음 문장에 올바른 문장 강세를 표시하세요.

(1) The boy gave the book to his teacher.
(2) He was somewhat discouraged.
(3) Broccoli is a vegetable.
(4) I don't watch TV typically.

8

억양과 리듬

8.1 억양(Intonation)

모든 언어의 말소리에는 공통적으로 소리의 높낮이(pitch)가 있다. 그 높낮이는 언어마다 그 쓰임새가 다소 다른데, 영어에서 의미 구분에 중요한 역할을 하는 소리의 높낮이 형태를 억양(intonation)이라고 하며, 일반적으로 문장 단위로 나타난다. 영어의 억양은 문장 강세와 밀접한 관련이 있으며 그 높낮이 정도를 선이나 숫자로 나타낸다.

일반적으로 영어의 억양에서 보이는 소리의 높낮이는 네 단계로 분류된다. 즉, 억양은 감정이 평온한 상태에서 발화할 때 나타나는 저음(low), 중간음(normal), 고음(high)과 흥분 상태이거나 격한 감정일 때 나타나는 초고음(extra high)으로 이루어진다. 이러한 네 단계의 높이는 저음에서 고음 순으로 1, 2, 3, 4의 번호로 표시되거나 서로 다른 높이의 선으로 표시된다. 소리의 높낮이는 상대적인 것이며 성별이나 개인의 음성적 차이에 따라 그 범위가 달라질 수도 있다.

4도 높이 ----------- 매우 높다 (초고음)
3도 높이 ----------- 높다 (고음)
2도 높이 ----------- 보통이다 (중간음)
1도 높이 ----------- 낮다 (저음)

그러면 각각의 높이가 문장에서 어떻게 달리 나타나는지 그 예를 살펴보자.

(1) 1도 높이: 서술문 끝에 주로 사용된다.

a. Now, I'm going home. (231↘)

b. He plays tennis. (231↘)

(2) 2도 높이: 강조하지 않아도 되는 문장이나 구절을 말할 때 사용된다.

I am going to write a letter. (231↘)

(3) 3도 높이: 단어 내의 특정 부분, 또는 문장 내에서 어떤 특정 단어를 강조하기 위해 사용된다.

Her name is Judy. (231↘)

(4) 4도 높이: 흥분, 놀라움, 공포 등을 나타낼 때 사용된다.

a. That's a lie. (241↘)

b. There's a snake. (241↘)

성조(tone)와 성조 언어(tone language)

성조는 한 단어나 구절 또는 문장 안에서 음의 높낮이(pitch)가 변화하여 의미의 차이를 결정해 주는 초분절음(suprasegmental)의 한 단위이다. 그리고 음의 높낮이가 바뀌어 의미가 달라지는 변별적 특성을 가진 언어를 성조 언어라고 한다. 예를 들어, 대표적 성조 언어인 표준 중국어 Mandarin에는 네 개의 성조가 있어 동일한 한 단어가 음의 높낮이의 차이에 따라 그 의미가 달라진다.

Mandarin 'ma'의 성조:

고평탄조(high level tone):	[mā]	'mother'
상승조(rising tone):	[má]	'hemp'
하강조(falling tone):	[mà]	'scold'
하강상승조(falling-rising tone):	[mǎ]	'horse'

8.1.1 231↘의 억양

일반적으로 서술문, 명령문, wh-의문문에 쓰이는 억양은 2-3-1의 형태를 지니는데, 이것은 중간음으로 시작해서 문장 내의 강조하는 부분에서 고음으로 올라갔다가 저음으로 끝나는 음조이다.

(5) 평서문(231↘)

a. This is my daughter. (231↘)

b. I'd like to believe it. (231↘)

(6) Wh-의문문(231↘)

a. How are you feeling?

b. What did you bring?

(7) 제안, 요구, 명령(231↘)

a. Come to see me.

b. Let's go.

이와 같이 일반적인 서술문이나 wh-의문문은 상승-하강의 231의 음조 형태를 가지지만 특별한 경우에 23의 상승 어조로 발음할 때가 있다. 즉, (8a)처럼 가벼운 의심을 나타내거나 (8b)처럼 놀라움으로 다시 묻는 경우에 해당한다. 즉, 같은 문장이라도 화자가 전달하고자 하는 의미나 태도에 따라 억양이 달라질 수 있는 것이다.

(8) a. You say, that young man is a student? (23↗)

b. Whom does he want to speak with? (23↗)

한편, (9)와 같이 조건절과 같은 종속절이 주절 앞에 올 때 종속절 끝이 올라갔다 내려오는 상승-하강(rising-falling)의 억양이 되긴 하지만 뒤에 주절이 이어지므로 1도 음조의 저음으로 내려가지 않고 2도 높이의 억양이 약간 길게 지속되는 것이 일반적이다.

(9) 주절 앞에 위치한 종속절의 억양(232→)

a. If you say so, I believe you.

b. If you want to learn chemistry, you've got to work.

또한 and 나 or 등을 이용하여 여러 단어나 구절을 연속해서 나열할 때에는 23의 음조가 반복되다가 문장의 마지막에서 231로 하강조를 보인다.

(10) a. One, two, three, four, there are four flowers. (23/23/...231↘)

b. You can have white wine, sherry, or vodka. (23/23/231↘)

8.1.2 2(1)3↗의 억양

의문문 중에서도 Yes나 No의 답을 요구하는 질문은 보통 문장 끝이 3의 어조로 올라가 23↗의 억양 형태를 갖는데, 때로는 3도 높이로 올라가기 직전에 1도로 내려갔다가 올라가기도 한다.

(11) a. Do you know them personally? (213↗)

b. Is he a good student? (213↗)

또한, (12)와 같은 선택의문문에서는 등위접속사 앞부분의 문장은 일반적인 yes-no의문문과 같은 23↗ 의 억양 형태를 보이며 등위접속사 뒷부분은 231↘의 억양 형태를 보인다.

(12) 선택의문문(23/231)

a. Will you speak first, or last?

b. Will you tell them, or say nothing?

그런데 문장의 억양이 (13)과 같이 나타날 때는 선택을 요구하는 의미가 달라질 수 있다. 이 경우는 coffee나 혹은 tea를 선택할 것을 요구하는 것이 아니라 기타의 마실 것을 원하는가를 묻는 질문이 된다.

(13) Would you like coffee or tea?

한편, 부가의문문의 억양은 일반적으로 두 가지 유형을 취한다. 첫째로, 부가의문문이 긍정의 뜻을 내포하거나 화자가 이미 알고 있는 내용을 서술할 때에 문장 끝의 억양은 1도로 내려간다. 둘째로, 화자가 부가의문문을 사용하여 상대방에게 yes 또는 no의 대답을 요구할 때 문장 끝의 억양은 3도 높이로 올라간다. 그 예로 (14a)와 (15a)는 전자의 경우로서 문장 끝이 31의 억양으로, (14b)와 (15b)는 후자의 경우로서 문장 끝이 23의 억양으로 나타난다.

(14) a. He isn't a professor, is he? (231/31)

b. He isn't a professor, is he? (231/23)

(15) a. You are busy, aren't you? (231/31)

b. You are busy, aren't you? (231/23)

8.1.3 여러 가지 억양

문장 안에서 대조나 비교 대상이 되는 단어는 일반적으로 어느 한 쪽이 다른 쪽보다 더 높게 발음된다. 이런 경우에 음조 중 가장 높은 4도 높이의 소리가 나타나기도 한다.

(16) a. Her English is better than his. (3241↘)

b. He sounds like his father. (4231↘)

또한, (17)에서와 같이 한 단어일지라도 그 억양에 따라 다양하게 해석될 수 있다.

(17) a. ↘Yes “네”

b. ↗Yes “그렇군요”, “그래서요”

c. ⤴Yes “‘네’라고 했나요”

d. ∼Yes “글쎄요”

e. ⤵Yes “확실합니다”

한편, 강조 구문에서는 강조하고자 하는 단어의 높이가 3도로 올라가는데, 그 단어가 어디에 위치하는가에 따라 다양한 억양 형태가 나타난다.

(18) a. I kissed Mary. (321↘)

b. I kissed Mary. (231↘)

(18a)에서와 같이 Mary에게 키스한 사람이 그 누구도 아닌 바로 나라는 것을 강조하고자 할 때에는 321↘형태의 억양이 나타나는 반면, (18b)에서처럼 내가 키스한 행동을 강조할 경우에는 231↘의 억양이

나타난다. 문장에서 억양이 3도 높이로 올라가는 위치는 대체로 문장에서 강세를 가지는 내용어가 있는 위치와 일치한다. 그러나 문장의 강세리듬은 대화에서 문장이 발화될 때 나타나는 것이므로 말하는 화자가 대화의 맥락에 따라 화자가 강조하고자 하는 부분에 강세를 두고 억양을 높이는 리듬을 가질 수 있다. 이와 같이 강조 구문에서의 억양은 일반적인 유형을 따르지 않을 수 있고 또한 그 억양에 따라 문장의 의미도 달라질 수 있으므로 각별히 유의해야 한다.

Wh-의문문의 억양은 일반적으로 231↘의 하향조 형태를 갖지만 (19)에서와 같이 23↗의 상승조를 가질 수도 있다. 이러한 억양은 정보를 요구하는 의문문이 아닌 다른 의미로 해석될 수 있다.

(19) a. Where will I work? I haven't thought of that yet.

b. What are you doing? (I haven't heard you)

(19a)는 'Where will you work?'라고 물었을 때 대답할 수 있는 예로 확인을 위해 되묻는 표현이며, (19b)는 질문의 문장을 그대로 옮겨 다시 묻는 형태로서 'What are you doing?'이라고 물었는가라는 의미가 된다. 이와 같이 대화 속에서의 다양한 억양 형태는 여러 가지 의미로 해석될 수 있으므로 각별히 유의하여 익혀야 하겠다.

8.2 리듬(Rhythm)

영어 강세의 패턴은 규칙적인 리듬(rhythm)의 반복이다. 이것은 강세와 약강세가 일정한 시간 간격을 두고 규칙적으로 반복되어 주기적인 리듬을 갖게 된다는 것을 뜻한다. 이러한 리듬은 음악에서 나오는 일정한 간격의 박자 개념과 유사한 것으로 보면 이해하기 쉽다.

리듬은 한 단어 내에서 보다는 구절이나 문장에서 일정한 간격의 강세가 연속적으로 여러 번 나타날 때 두드러지게 나타난다. 예를 들어, 구절 good-looking lifeguard를 이루고 있는 단어들은 그것들이 각각 독립적인 **인용형**(citation form)으로 존재할 때 goòd-loóking과 lífeguàrd로 각각의 강세 패턴을 가진다. 그리고 이것을 good-looking lifeguard의 음절 단위에 적용하면 제2강세 + 제1강세 + (비강세) + 제1강세 + 제2강세의 연속체로 이루어진다는 것을 알 수 있다. 그러나 독립적인 각 단어에 강세가 주어질 때와 구절을 이루었을 때 주어지는 강세는 그 패턴이 다르다. 영어 말소리의 흐름은 강세를 중심으로 하여 강약의 박자로 리듬감 있게 나타나야 하므로, 구절이나 문장에서 두 개 이상의 강세 있는 음절이 인접하여 연속적으로 나올 수 없다. 그것은 강세 있는 음절이 나란히 연속적으로 나타날 경우 **강세 충돌**(stress crash)이 일어나 강세 박자의 리듬감이 깨지기 때문이다. 다시 말해서, goòd-loóking의 -looking[11]과 lífeguàrd의 life-가 모두 제1강세를 지니면서 연속적으로 인접해 있으므로 강약의 강세리듬이 형성되지 못하고

---

11) looking의 -ing은 하나의 음절이지만 강세가 전혀 없는 비강세 접사로서 박자 형성에 영향을 미치지 않으므로 구절 강세 패턴에서 제외되는 음절이다.

강세충돌이 일어나는 것이다. 이 때 looking이 가지는 제1강세는 그 앞의 음절, 즉 good의 위치로 이동하여 제2강세가 되고 구절의 제1강세는 lifeguard의 첫 음절에만 주어지게 된다. 따라서 구절 good-looking lifeguard의 강세 패턴은 goòd-looking lífeguard로서 강-약-강-약의 리듬으로 나타난다. 이와 같은 강세리듬이 주어지는 과정은 다음 (20)에서와 같이 격자(x)를 이용하여 설명할 수 있다.

(20)

	(a)					(b)			
구절:			x					x	
단어:		*x	x		→	x		x	
음절:	x	x	x	x		x	x	x	x
	good-	looking	life	guard		good-	looking	life	guard

단어 단계에서 주어진 격자는 제1강세를 뜻하는데 (a)에서 looking이 갖는 강세는 lifeguard가 갖는 제1강세와 인접해 있으므로 충돌이 일어나고 따라서 looking이 가진 강세는 (b)에서와 같이 왼쪽으로 한 음절 이동하게 되며 최종적인 구절의 제1강세는 마지막 단어의 첫 음절에 주어지게 된다는 것을 알 수 있다.[12]

이러한 강세충돌로 인한 강세 이동은 구절 thirteen man에서도 확인할 수 있다. 각 단어의 강세는 thirteén과 mán에 나타나지만 (20)과 같은 강세 부여 방법이 적용되어 구절 강세 thìrteen mán 으로서 강-약-강의 리듬 형태를 보인다. 대개 수식어 + 피수식어 형태를 취하는 명사구에서는 피수식어인 명사에 제1강세가 우선적으로 주어지며 그 명사의

12) 격자를 이용한 강세 리듬은 Liberman and Prince(1977)와 Hayes(1984)의 주장에 따른 것이다.

강세를 고정시키고 수식어의 강세를 왼쪽 방향으로 이동시킴으로써 강세 충돌을 피하게 된다. 강약의 조화를 이루는 리듬을 만들기 위해 강세 이동(stress shift)을 함으로써 새로운 강세 형태가 부여되는 것이다.

이와 같은 리듬은 7장에서 살펴보았던 문장 강세 패턴에 기초 한다고 할 수 있다. 문장 내의 내용어에 강세를 두고 기능어에 강세를 두지 않으면 결국 문장은 내용어와 기능어의 혼합으로 형성되므로 자연스러운 리듬이 생기게 된다. 그런데 앞서 설명한 바와 같이 강세충돌로 인하여 자연스러운 리듬이 형성되지 않을 때에는 충돌한 두 강세 중 하나가 그 왼쪽의 음절로 이동하게 되면서 강약이 적절한 조화를 이루는 리듬을 형성하게 된다. 이 때 문장의 마지막 위치에 나타나는 내용어에 가장 강한 문장 강세를 두는 것은 변함이 없다.

한편, 국어와 영어를 비교해 볼 때 국어는 같은 수의 음절을 반복하면서 리듬이 형성된다. 예를 들어, 어린 아이들이 큰 소리로 책을 읽을 때 들어보면 다음과 같이 읽는 경우가 흔히 있다.

(21) 철수야아 노올자아
영희야아 노올자아
바둑이도 함께가자

어린이들은 박자를 맞추기 위해 '철수야'를 '철수야아'로, '놀자'를 '노올자아' 등으로 음절수를 늘려 읽는 경향이 있다. 이렇게 같은 수의 음절이 반복되면서 형성되는 리듬을 **음절 박자 리듬**(syllable-timed rhythm)이라 한다.

그런데 영어의 리듬은 음절수와 관계없이 강세(제1강세나 제2강세)

가 비교적 일정한 시간 간격을 두고 규칙적으로 나타남으로써 형성된다는 점에서 국어와 다르다. 한 문장 안에서 첫 번째 강세가 나타난 후 다음 강세가 나타날 때까지의 사이에 얼마만큼의 음절이 끼어 있는가는 그리 중요하지 않다. 즉, 첫 강세와 두 번째 강세 사이의 말소리를 내는데 걸리는 시간은 두 번째 강세와 세 번째 강세 사이에 놓인 말소리를 내는 데에 걸리는 시간과 같은 것이다. 이와 같은 리듬 유형을 강세 박자 리듬(stress-timed rhythm)이라 한다. 다음 예문을 보자.

(22) Whàt did you hòpe to dis-còver by this tést?
a b c d

(22)에서 내용어인 what, hope, discover, test에 각각 문장 강세를 주게 되고 이 가운데 test는 문장의 마지막 내용어로서 가장 강한 음조악센트(tonic accent)를 갖게 된다. 이 때 강세를 가진 첫 음절 what에서 다음 강세를 가진 음절 hope 바로 앞의 음절까지는 그 다음 강세를 가진 discover의 두 번째 음절 바로 앞의 음절까지를 발음하는 시간과 같다. 이와 같은 방법으로 (22)에서 강세 음절을 하나씩 가진 a, b, c, d는 모두 발음하는 시간이 같게 된다. 이것이 강세 있는 음절을 중심으로 같은 시간 간격을 두고 리듬감 있게 발음하게 되는 강세 박자 리듬이다. 이 때 세 개의 음절을 가진 a, b, c의 발음 속도가 약간 빨라지고 단음절인 d를 발음하는 속도가 상대적으로 느려지는 느낌으로 발음하게 되는데 그 이유가 바로 이 강세 박자 리듬을 맞추기 위한 것이다. 이것은 인위적인 리듬이 아니라 영어를 모국어로 사용하는 사람들 사이에서는 직관적이면서도 자연스럽게 나오는 박자(beat)라고 할 수 있다.

여기에서 형성되는 또 하나의 운율단위가 있다. 바로 발음하는 시간 간격이 같은 a, b, c, d는 규칙적인 박자를 만들어내는 기본 단위인 음보를 형성한다는 것이다. 음보(foot)란 강세 있는 음절과 그 다음 강세 있는 음절 바로 앞 음절까지의 모든 비강세 음절을 포함한 운율단위(metrical unit)를 말한다. 한 음보는 하나의 강세 음절을 가지면서 규칙적인 간격의 리듬을 형성하는 단위이다. 따라서 (22)는 (23)과 같은 음보의 리듬으로 나타낼 수 있으며 각 음보 a, b, c, d 는 각각 강세 음절이 하나씩 포함되어 있다. 그리고 각각의 음보 a, b, c, d 는 그것을 발음하는 시간 길이가 동일하며, 이러한 음보의 등시간 간격이 문장의 리듬을 만들어 내는 것이다.

(23) (σ́ σ σ) (σ́ σ σ) (σ́ σ σ σ) (σ́)
a b c d

이와 같이 강세 박자 리듬은 강세를 중심으로 하여 형성된 음보라는 운율단위가 만들어내는 박자이다. 따라서 문장 (22)은 a, b, c, d라는 네 개의 음보를 갖게 되며 전체가 네 박자로 발음되는 강세 박자 리듬을 형성하는 것이다.

한편, 음보의 종류를 살펴 보면 강세 음절이 먼저 형성되는 강약의 리듬을 지니는 경우와 비강세 음절이 먼저 형성되는 약강의 리듬을 지니는 경우를 볼 수 있는데, 전자를 강약음보(trochaic foot)라고 하고 후자를 약강음보(iambic foot)라고 한다. 문장 (22)에서 각 음보는 강약의 리듬을 보인다고 할 수 있고 다음 문장 (24)에서는 약강의 리듬을 보인다고 할 수 있다.

(24) The hòuse on the còr-ner is my hóme.
a b c

(24)에서 내용어인 house, corner, home에 각각 강세를 두어 말할 때 a, b, c를 발음하는데 걸리는 시간은 서로 같으며 각각 음보를 형성한다.

이와 같이 국어의 리듬이 음절수를 기준으로 하여 형성되는 반면에 영어의 리듬은 음절수와 상관없이 강세가 주어진 곳을 기점으로 형성되므로 리듬을 맞추기 위해서는 강세 없는 단어들을 축약하거나 약화시켜 발음하기도 하고 더 나아가서는 음이 생략되기도 하는 여러 가지 다양한 음성 변화가 일어나게 되는 것이다. 바로 이러한 점이 영어 말하기나 듣기를 학습할 때 어려운 이유 중의 하나가 될 것이므로 주의하여 학습해야 하겠다.

연습문제

1. 영어의 강세와 리듬은 어떤 관계에 있는지 설명하세요.

2. 음절 박자 리듬과 강세 박자 리듬을 설명하세요.

3. 다음 문장에 문장 강세를 표시하고 음보가 몇 개인지 알아보세요.

   (1) The violent man.
   (2) What's the difference between a free and a bound morph?
   (3) I want a cup of coffee.

4. 다음 문형들의 억양을 표시하고 연습해 보세요.

   (1) a. This is a gold fish bowl. (a fish bowl for goldfish)

   b. This is a gold fish bowl. (a fish bowl made of gold)

   (2) a. Try to keep the street cleaner. (the street is cleaned)

   b. Try to keep the street-cleaner. (cleaning machine for the street)

(3) a. He hasn't finished, has he? (true question, not confirmation)

b. He hasn't finished, has he? (confirmation)

(4) The hotel is very small, but everything is clean.

(5) If you want me to, I'll do it.

5. 강세충돌이 무엇을 말하는 것인지 그리고 리듬 있는 강세를 갖기 위해 강세충돌을 어떻게 해결해야 하는지 설명해 보세요.

색인

ㄱ

ㄴ

ㄷ

ㄹ

ㅁ

ㅂ

ㅌ

ㅍ

ㅎ

참고문헌

구희산(1998).「영어음성학」. 한국문화사.

김영석(2005).「영어음성학과 음운론」. 경진문화사.

이용재(2004).「영어의 발음」. 한국문화사.

전상범(1982).「영어음성학」. 을유문화사.

전상범(1995).「영어음성학 개론」. 을유문화사.

최경애 · 박미숙(2012).「쉽게 배우는 영어 음성학」. 목원대학교 출판부.

酒向 誠(1955).「米語 音聲學 入門」. 福材書店.

Carr, P. (2013). *English Phonetics and Phonology*(2nd ed.). Oxford: Blackwell.

Chomsky, N. and M. Halle (1968). *The Sound Pattern of English*. New York: Harper and Row, Publishers.

Fromkin, V., R. Rodman, and N. Hyams (2016). *An Introduction to Language*(10th ed.). MA: wadsworth/Cengage Learning.

Giet, Fr. Franz (1958). *Systematic Exercises for Pronunciation of American English*. Kaitakusha Publisher co., Tokyo.

Gimson, A. C. (1970). *An Introduction to the Pronunciation of English*. London: Edward Arnold (Publishers) Ltd.

Gleason, H. A. (1961). *An Introduction to Descriptive Linguistics*, Revised Edition. New York: Holt, Rinehart and Winston.

Hammond, M. (1999). *The Phonology of English: A Prosodic Optimality-Theoretic Approach*, New York: Oxford University Press.

Hayes, B. (1984). The Phonology of Rhythm in English. *Linguistic Inquiry*, 15, 33-74.

Hyman, L. M. (1975). *Phonology: Theory and Analysis*, New York: Holt, Rinehart and Winston.

Jones, D. (1950). *The Pronunciation of English*. Cambridge: The University Press.

Jones, D. (1972). *An Outline of English Phonetics*(9th ed.). New York: Dutton.

Kenstowicz, M. and C. Kisseberth (1977). *Topics in Phonological*

Theory. New York: Academic Press.

Kenyon, J. S. and T. A. Knott (1953). *A Pronouncing Dictionary of American English*. Springfield, Massachusetts: G and C Merriam Company, Publishers.

Ladefoged, P. (2001). *A Course in Phonetics*(4th ed.). Orlando, FL: Harcourt, Inc.

Liberman, M. and A. Prince (1977). On Stress and Linguistic Rhythm. *Linguistic Inquiry*, 8, 249-336.

Mackay, I. (1978). *Introducing Practical Phonetics*. Little, Brown and Company, Boston.

Mackenzie, M. (1967). *Modern English Pronunciation Practice*. Sheck Wah Tong Printing Press, Hong Kong.

Schane, S. A. (1973). *Generative Phonology*. Englewood Cliffs, New Jersey: Prentice-hall.

Sloat, C., S. H. Taylor, and J. E. Hoard (1978). *Introduction to Phonology*. Englewood Cliffs, New Jersey: Prentice-Hall.

Trager, G. L. and H. L. Smith Jr. (1951). *An Outline of English Structure*. Studies in Linguistics: Occasional Paper 3, Norman Oklahoma: Battenburg Press.

Wolfram, W. and R. Johnson (1982). *Phonological Analysis: Focus on American English*. Washington, D. C.: The Center for Applied Linguistics.

Yavaş, M. (2016). *Applied English Phonology*(3rd ed.). Oxford: Blackwell.